丁寧に暮らす。
器と料理、
四季の彩り

エムディエヌコーポレーション

はじめに

いつもおゆはんを食べてる時に
すでに「明日の献立なににしよう?」
と考えてる自分がいます。

料理は好きだけど、料理上手じゃない……
料理経験は長いけど、
今でも腕は中の下……

結婚する前の5年間は一人暮らしだったので自炊をしていました。

結婚して16年目ですが、その間主人の単身赴任期間が何年かあってお弁当
もお休みしていた時期がありました。ただ、自分のためだけに料理を作る
のは何だかモチベーションも上がらないので、やはり誰かのために作って
一緒に食べるのが一番ですね。

先に書いたように料理の出来ない主人が単身赴任してる時、偏った食事で
結構太って帰ってきたんです(笑)

健康診断での血液検査などもあまり良い結果ではなく、お医者様から「あなた、細く見えるけどこのままだとメタボ確定です！」とへんな太鼓判まで押される始末……

それからはより野菜中心でバランスの良い食事を心掛けて作るようになりました。

肉、魚：野菜は１：３くらいに

飽きないように食材や味付けが被らないようにすること。甘味、塩味、酸味、苦味、旨味と五味を意識して…
食材も旬のものを使うようにして、
季節の出始めになるとなんだかワクワクするし、やはり旬のものは栄養価も高いですからね。

料理の腕が中の下でも、腕以上に見せてくれるのが器の存在だと思います。
私、渋い器、磁器の絵付け、木のモノ、輪花のような華やかさのあるもの
…などなど
器病もサイクルがあるんですよ（笑）
そして器選びにも私なりの拘りがあります。
それは……

ただ、人気の作家さんだからとか写真で映えるから！じゃなくて、普段の食卓に寄り添える器かどうかという点。
直ぐにこの器に何を盛り付けるか浮かんでこないものは買いません。
器は「使ってこそ、その価値が活きてくる」の自論があるので、高いからと仕舞い込まないで大事にしながらも生活の一部として一緒に時間を過ごしていきたいと思っています。

そして、今日も美味しい時間の始まりです。

２０１９年４月吉日　ｍａｋｉｋｕ（@ururun_u.u）

①その日のメニューを写真で紹介しています

④レシピを紹介しています

②その日のメニューを紹介しています

③盛り付けのコツ・ヒントを紹介しています

⑤その日のハッシュタグを紹介しています

本書について

本書は、ｍａｋｉｋｕさんのInstagram（@ururun_u.u）、「iPhoneで撮る私の美味しい時間 器を愛で食を楽しむ」「真夜中のオベンター 飾る事をやめた等身大のお弁当作り」をまとめ＆加筆したものです。

毎日の食卓のスタイリングブックとして、「ご飯」や「お弁当」、「スイーツ」などを作るとき、盛り付けるときに参考になる写真がたくさん収められています。更には、作り置きに便利な常備菜や、季節ごとに旬の食材で作るレシピ、器によって変わる盛り付け方やそのヒントも満載です。

巻末には器の作家さんやショップリストも掲載してありますから、気に入った器を購入することも可能なんです。

また、Instagramの特徴でもあるハッシュタグを写真ごとに入れました。自身の投稿や検索ワードとしてご活用ください。

あなたの料理スタイリング、器選びの一助になれば幸いです。

春の食卓

春のレシピ

夏の食卓

夏のレシピ

秋の食卓

秋のレシピ

冬の食卓

冬のレシピ

常備菜レシピ

レシピについて

○材料の分量はその時の食事やお弁当に適した量を基準にしています。「作りやすい分量」とは、1回で美味しくいただくことができるおすすめの分量です。

○計量の単位は大さじ1＝15ml、小さじ1＝5ml、1カップ＝200mlです。

○レシピ上、食材を洗う、皮をむくなどの通常の下ごしらえは省略しています。特に表示がない限り、その作業をしてから調理に入ってください。

○「出汁」はあごだし、「醤油」は濃口醤油、「塩」は自然塩、「酢」は米酢、「みりん」は本みりん、「油」はグレープシードオイルやアボカドオイルをメインに使っています（217～218ページ参照）。

○火加減はとくに表記がない場合は中火です。また、使用機器の火加減や加熱時間状態に合わせて調整してください。

○本書のご飯は「鍋炊き」を基本としています。鍋で炊いていますが、炊飯器を使用してもOKです。

○保存期間はあくまでも目安です。

○料理を保存する時は、しっかり冷ましてから蓋をし、冷蔵庫で保管してください。

春

Spring

- ひな祭りごはん
- 豆ごはんおにぎり
- 和んプレート御膳
- 盛り合わせ御膳
- クロワッサンサンド
- たっぷり山菜御膳
- 筍の柚子味噌焼き
- 残り物オールスターズ
- 一汁常備菜
- 雑穀入り筍ごはん
- 天ざる蕎麦
- ルマン風たまごサンド
- そぼろごはん
- 始末ワンプレごはん
- 竹籠弁当箱で筍おこわ
- 栗入り雑穀弁当
- カニ爪フライ弁当
- 二段重で春づくし弁当
- 肉巻き弁当
- 豆ごはん弁当
- 春慶塗六角重で肉巻き棒にぎり
- 丸おにぎり弁当
- 桜おにぎり弁当
- 丸輪っぱで海老フライ
- 牛ごぼうの混ぜごはん弁当
- 牛丼弁当
- クリームチーズプリン
- 里芋ベーコンのコロッケ御膳
- チョコレートプリン
- うなぎのせいろ蒸し
- 春の旬御膳
- ドテマヨトースト
- 豆皿膳
- 2LDK弁当
- 一汁常備菜御膳
- 6種のクロワッサンサンド
- おにぎり膳
- かにまぶし御膳
- 手巻き寿司

ひな祭りごはん

今日のご飯

・ちらし寿司
・桜焼売
・アサリのお吸い物

今日の盛り付け

ちらし寿司用の人参は花形に。錦糸玉子の上にはいくら、ボイルエビを、絹さや、人参等で彩りよく飾ります。アサリと菜の花のお吸い物にも桜の塩漬けを添えました。桜焼売は蒸し上がったら蒸籠のまま食卓に。ちらし寿司は吉永哲子さんの8寸ドラ鉢に。取り皿は、美しいねじり梅型の小皿を。直径15ｃｍのサイズは、ハレの日のおもてなし料理の取り皿としてぴったりです。

#おうちごはん
#ちらし寿司
#桜焼売

桜焼売

材料

桜の塩漬け…10片
道明寺粉（ピンク）※無かったら食紅で調整…130g
水…210ml
豚ミンチ…150g
玉ねぎ…中1/2個
片栗粉…大2
（調味料）
醤油…小1・5
塩…ふたつまみ
砂糖…小1
酒…小2
しょうが…小0・5
オイスターソース…小1
ごま油…小1

作り方

1 耐熱ボウルに道明寺粉と水を入れラップをして700Wのレンジで4分半チンする。そのまま10分ほど蒸らす
2 桜の塩漬けを水（分量外）につけて塩を抜いておく
3 粗みじんの玉ねぎを入れた容器に片栗粉を加えまんべんなくまぶす
4 この中に豚ミンチと全ての調味料を入れてしっかり練る
5 肉ダネは20gずつ丸めておく。道明寺は30gずつに分ける
6 引っ付くので手水を付けながら道明寺を薄く伸ばし真ん中に肉ダネを置いて包んでいく。この時全部包み込む必要は無し（裏側は肉ダネが見えてても蒸す時に下にするので大丈夫！）
7 蒸籠に入れ15分ほど蒸す
8 蒸し上がったら塩抜きした桜の塩漬けを飾る

アレンジ

「桜焼売」の肉ダネをこしあんに変更することで春のお菓子「桜餅 道明寺」が作れます。桜の葉の裏を上に向けて形を整えた桜餅をのせ包み、完成です。

上に桜の塩漬けをのせるのがポイントです。白の道明寺しかない方は食紅で色付けしてください。

今日のご飯

・豆ごはんおにぎり…（57ページ参照）
・里芋とベーコンのコロッケ
・出汁巻き玉子…（216ページ参照）
・たらこ人参…（213ページ参照）
・わけぎとカリカリお揚げのぬた…（57ページ参照）
・つくしの甘辛煮…（57ページ参照）
・味噌汁（かぶ、油揚げ、わかめ）

今日の盛り付け

持ち手付き楕円ざるに盛り付け。笹の葉を敷いたり、汁があるものは、豆皿や小鉢を使うとアクセントにもなります。

#一汁常備菜
#もぐもぐスプリング
#とりあえず野菜食

今日のご飯

・おにぎり（いくらのせ）
・ししゃものみりん干し
・味噌漬け玉子
・あらびきウインナー
・花蓮根…（58ページ参照）
・ほうれん草の胡麻和え
・人参とツナのラペ…（213ページ参照）
・味噌汁（玉ねぎ、人参、えのき、かぶ、わかめ）

今日の盛り付け

人参とツナのラペはガラスの小鉢に。花蓮根は、蓮根の穴の形に合わせ花型にむき取り丸みをつけていきます。花の形にするだけでグッと華やかになります。

#和んプレート
#胃袋はもう春ですが何か
#とりあえず野菜食

盛り合わせ御膳

今日のご飯

・黒米入りおにぎり
・そぼろde青椒肉絲風
・揚げ焼売と茄子のチリソース炒め
・ほうれん草の白和え
・出汁巻き玉子
・筍の土佐煮…（58ページ参照）
・人参ラペ…（213ページ参照）

今日の盛り付け

うつわ クウさんで開催された個展「高島大樹展」で出会った輪花楕円プレート。へっぽこメシもチャラに……いや、プラスにしてくれる素敵な器です。

盛り付けアレンジ

#和んプレート
#とりあえず野菜食
#うつわ

#朝ごはん
#おうちカフェ
#とりあえず野菜食

今日のご飯

・クロワッサンサンド
・葉っぱ
・粒マス人参ラペ
・ブロッコリーのポタージュ（冷凍貯金）

今日の盛り付け

小林耶摩人さんの黒のお皿に盛り付け。カトラリーは手仕事の温かみが感じられる南裕基さんの作品です。

たっぷり山菜御膳

盛り付けアレンジ

六角重へ盛り付け。お弁当には、柚子胡椒唐揚げをプラス。小松菜の炊いたんは小鉢に。小鉢に入れることでアクセントになります。

今日のご飯とお弁当

- おいなりさん（セリ＆白胡麻）
- 筍とベーコンのハニマス醤油炒め…（55ページ参照）
- 出汁巻き玉子
- こごみのおひたし…（59ページ参照）
- タラの芽の天ぷら
- 冷製茶碗蒸し

今日の盛り付け

いただいた山菜をたっぷり使って……こごみのかわいいビジュアルを活かす盛り付け。のっぺりした感じにならないように、器に入った「茶碗蒸し」で高さを出しました。

#朝昼兼用ごはん
#朝ごはん
#とりあえず野菜食

今日のご飯

・雑穀入りおにぎり
・筍の柚子味噌焼き…（58ページ参照）
・出汁巻き玉子
・おからの炊いたん…（214ページ参照）
・いか焼売
・まぐろの角煮
・さつまいもサラダ…（213ページ参照）

今日の盛り付け

足付きの竹籠に盛り付け。直径30cmある竹籠なのでいろいろな形の豆皿や小鉢で変化をつけて。「筍の柚子味噌焼き」の盛り付けに「筍の皮」「山椒の葉」を使うと雰囲気がでます。

#足付きの竹籠
#和んプレート
#とりあえず野菜食

今日のご飯

・おにぎり
・出汁巻き玉子
・菜の花のおひたし…（59ページ参照）
・春菊の白和え…（59ページ参照）
・キムチ
・鶏と蓮根の甘酢あん
・おからの炊いたん

今日の盛り付け

おにぎりは、高塚和則さんの桜のトレイに鎮座。おかずを豆皿に盛り付け、そのまわりを囲むように配置しました。残り物に一つひとつ具材を変えたおにぎりをプラスするだけで食卓が華やかになります。

#朝ごはん
#胃袋はもう春ですが何か
#とりあえず野菜食

今日のご飯

・焼きたらこおにぎり からの～梅干しON
・菜の花のお吸い物…（59ページ参照）
・出汁巻き玉子
・切り干し大根の炊いたん…（214ページ参照）
・ピーマンとツナの胡麻油炒め
・かぼちゃの炊いたん
・コチジャンきんぴら

今日の盛り付け

小鉢をセンターに、丸盆に添うように豆皿をレイアウト。手前四つの豆皿は石田裕哉さんの器。色もデザインも華やかです。

#おうちごはん
#和んプレート
#とりあえず野菜食

今日のご飯

・雑穀入り筍ごはん…（216ページ参照）
・鯵の南蛮漬け
・味玉
・茄子の揚げびたし…（215ページ参照）
・揚げじゃがのアンチョビマヨ和え
・ブロッコリーの胡麻和え
・わかめスープ（リケン）

今日の盛り付け

丸盆のセンターに「味玉」をどん。ひし形皿やさじ皿で変化をつけました。さじ皿はアクセントにもなり重宝します。丸盆との相性もとてもいいです。

#一汁常備菜
#もぐもぐスプリング
#とりあえず野菜食

今日のご飯

・ざる蕎麦
・天ぷら（ピーマン、さつまいも、玉ねぎ、淡竹、竹輪、そら豆）

今日の盛り付け

天ぷらはやっぱり揚げたてが一番！　バットのままどうぞ。蕎麦は、黒竹を使った麻の葉編みのざるに。黒竹が渋くかっこいい。ワンプレートの盛り付け他、天ぷらやおにぎりを一緒に盛り付けても。青もみじを飾りにして爽やかさを演出しました。

#ほぼ野菜食
#ざるそば
#ざる

今日のご飯

・ルマン風たまごサンド
・人参ラペと葉っぱたち
・クラムチャウダー（キャンベル）

今日の盛り付け

藤田徳太さんのプレートとマグカップに盛り付け。マグカップは、かわいい丸いフォルムで、スープカップとしてもおすすめです。サラダはそのまま、人参ラペはガラスの小鉢に。素朴な木のカトラリーは南裕基さんのもの。木の表情が楽しめます。

#おうちカフェ
#まきくごはん
#もぐもぐスプリング

ルマン風たまごサンド

材料（2人分）

サンドイッチ用パン…4枚
卵…4個（スクランブル3個、ゆで玉子1個）
バター…10gくらい
（調味料）
塩コショウ…少々
マヨネーズ…大2～3
からし…少々

作り方

1 卵1個は茹でて、粗みじんにする。卵3個は溶きほぐしてバターを入れたフライパンでフワッとしたスクランブル状態にする
2 ボウルにスクランブル、粗みじんのゆで玉子を入れ、調味料を加える。マヨネーズは緩さを見て加減してください
3 パンにモリモリに挟む

【MEMO】お店のエッグサンドは、ふわトロのスクランブルエッグだけですが、私は少し食感の変化を出すために「ゆで玉子」を混ぜています！

【MEMO】ルマンとは宝塚にあるサンドイッチ専門店「サンドウィッチ　ルマン」の店名より。お店では「エッグサンド」と言われています。

アレンジ

お気に入りの菓子缶を使ったパン弁に。たまごサンドは、不織布を使用したクッキングペーパーで包み缶に詰めています。

今日のご飯

・そぼろごはん（肉そぼろは冷凍貯金）
・ほうれん草の胡麻和え…（213ページ参照）
・筍の土佐煮
・紅芯大根の浅漬け
・里芋の唐揚げ（レンチンした里芋にダシダと醤油をモミモミして下味付けて片栗粉まぶして揚げただけ。最後にブラックペッパーをたっぷりと）
・アボカドナムル
・お吸い物（筍の姫皮、わかめ）

今日の盛り付け

「そぼろごはん」はHASAMI PORCELAIN（ハサミポーセリン）のボウル（14・5cm ブラック／ベージュ）に。シンプルでシックでカッコいい！スタッキングができるので、収納もしやすいです。

#まきくごはん
#もぐもぐスプリング
#とりあえず野菜食

今日のご飯

・もち麦入りおにぎり（いかなごの釘煮、梅）
・紅鮭
・飛竜頭の炊いたん
・そら豆の出汁びたし（豆類は鮮度がすぐ落ちるので食べ切れないものは冷凍する）
・ロースハム&トマト&葉っぱ
・ニラ玉
・オレンジ

今日の盛り付け

馬渡新平さんの8寸プレートに残りものと常備菜で始末ワンプレごはん。盛り付けのポイントとしては隣同士のおかずの色がかぶらないようにアクセントになる色のおかずを途中に置いています。形の無いおかずは豆皿使いで独立させました。おにぎりをあえて白にすることで全体の色を引き締めています。

#和んプレート
#まきくごはん
#とりあえず野菜食

今日のお弁当

- 筍おこわ…（60ページ参照）
- 白サバフグの唐揚げ
- 揚げ山芋の甘辛がらめ
- 海老とアスパラの中華炒め
- ゆで玉子
- スナップエンドウの出汁びたし
- かぼちゃサラダ
- 蛇腹きゅうりの塩揉み＆まぐろの角煮

今日の盛り付け

行儀よく仕切ったお弁当は綺麗だけど、こっちの方が背伸びしてなくてお弁当らしい……うん、嫌いじゃないぞ。「かぼちゃサラダ」はアクセントになるようきれいな色の小鉢に入れました。

#お弁当
#わっぱ弁当
#まきく弁当

栗入り雑穀弁当

今日のお弁当
・栗入り雑穀ごはん
・柚子胡椒唐揚げ
・くるくる玉子焼き
・ひじき入り切り干し大根の炊いたん
・カリフラワーのグリル ～アンチョビガーリック
・菜の花のおひたし
・人参の出汁煮

Point
籠だから汁漏れが心配なので下にクッキングシートを敷いてます。クッキングシートは空気は通すけど液体は通さないので竹籠のメリットは十分発揮できます。

カニ爪フライ弁当

今日のお弁当
・おにぎり（味ごま、ひじき生ふりかけ）
・カニ爪フライ
・出汁巻き玉子（ひじき生ふりかけ入り）
・芽キャベツのアンチョビガーリック
・人参ラペ
・菜の花のからし和え… (59ページ参照)

Point
おにぎりの時は、立体的なので、おかずもしずみ込まないように縦詰めを意識します。

#お弁当
#竹籠弁当
#笹の葉

竹籠のお弁当箱は竹細工作家のつぎおさんのもの。容量は多分800mlくらい。竹の切り出しから編みまですべてお一人で仕上げられたもの。

二段重で春づくし弁当

Point
丸おにぎりは
1個30g！
きちんと量って
作ります！

今日のお弁当

- おにぎり（野沢菜、ラディッシュ、味ごまひじき）
- 鶏むねナゲットのポテト衣
- 筍の柚子味噌マヨタル
- ごぼうのナムル
- 玉子焼き
- 菜の花のからし和え
- つくしの甘辛煮

今日の盛り付け

お弁当箱の蓋を開けるとワクワクする…ランチタイムをハッピーにしてくれる…そんなお弁当を作ってみました。3種類のおにぎりは見た目もキュート。サイズもキュート。お弁当箱は、そそぎ工房さんにオーダーしたお弁当箱です。

#お弁当
#わっぱ弁当
#まきく弁当

肉巻き弁当

#お弁当
#わっぱ弁当
#旦那弁当

今日のお弁当
・おにぎり（黒胡麻、柚子胡椒、味ごま）
・肉巻き
・チキンカツ
・甘い玉子焼き
・菜の花のからし和え
・人参ラペ
・豆腐入り白玉団子
・苺

Point
人参ラペは小鉢に。小鉢に入れることでアクセントになります。ごはんの段は、丸おにぎり9個でジャストフィット。小さなおにぎり（1個30g）は、ラップに包んで作ると簡単です。3段重は柴田徳商店さんのお弁当箱です。

豆ごはん弁当

#わっぱ弁当
#二段弁当
#旦那弁当

今日のお弁当
・豆ごはん
・鯵フライ
・玉子焼き
・姫竹メンマ（クックパッド「ID4553274」参照）
・ひじきの炊いたん
・人参ラペ

Point
おかずの仕切りには大葉や葉っぱを。大葉は高さ15cm前後の空き瓶に3mm程度水を入れてフタをして保存すると、10日ぐらい日持ちします！

春慶塗六角重で

肉巻き棒にぎり

今日のお弁当

・肉巻き棒にぎり
・コロッケ（揚げただけ）
・ネギ入り出汁巻き玉子
・切り干し大根の炊いたん
・ピリ辛こんにゃく…（215ページ参照）
・茄子の揚げびたし…（215ページ参照）
・ゴーヤのおかか炒め…（215ページ参照）
・海老焼売

今日の盛り付け

お弁当箱は、ずっと欲しかった春慶塗の六角お重。二段のお重ですが、一段の容量が680mlくらいあるので一段使いもできて便利です。

#春慶塗
#昼ごはん
#お弁当

丸おにぎり弁当

今日のお弁当

- おにぎり（黒胡麻、桜エビ、のりたま、白胡麻、いかなごの釘煮、花むすび、マグロの角煮）
- 豚コマ団子de酢豚
- おからの炊いたん
- 海老団子
- 焼き椎茸のピリ辛出汁びたし
- 玉子焼き
- スナップエンドウのたらこマヨ和え

Point

丸おにぎり7個（1個30g）でジャストフィット。お気に入りのお相撲さんの箸置きを添えました。

#お弁当
#丸おにぎり
#まきく弁当

桜おにぎり弁当

今日のお弁当

- 桜おにぎり（かぶ菜＆桜の塩漬け）
- 揚げ新じゃがと隠元の甘辛がらめ
- 自家製鰆の西京焼き
- 出汁巻き玉子
- 蓮根チップス
- 赤ウインナー
- 蛇腹きゅうりの甘酢漬け

Point

おにぎりを桜の形にした乙女弁。桜おにぎりはシリコン製のカップを使用して花型に型抜きしています。

#旦那弁当
#まきく弁当
#胃袋はもう春ですが何か

丸輪っぱで海老フライ

今日のお弁当

・山菜ときのこの炊き込みごはん
・海老フライ（タルタルは別添え）
・アスパラフライ
・ゆで玉子
・柚子胡椒きんぴら…（215ページ参照）

今日の盛り付け

いつもは海老の背をのばして作る海老フライも、輪っぱの曲線にあわせるため何も手を加えていません！

#お弁当
#わっぱ弁当
#まきく弁当

牛ごぼうの混ぜごはん弁当

今日のお弁当
・牛ごぼうの混ぜごはん
・海老団子
・玉子焼き
・淡竹のピリ辛メンマ
・人参ラペ
・ゴーヤのおかか炒め
・塩揉みラディッシュ

Point
海老団子は竹串に刺してイン。糸唐辛子はアクセントになるので常備しておきましょう。

#わっぱ弁当
#地味弁当組合
#芍薬

牛丼弁当

今日のお弁当
・牛丼
・味玉（牛丼の汁の中で熟成）
・きんぴらごぼう
・春菊のナムル
・塩揉みラディッシュ

Point
「塩揉みラディッシュ」と「春菊のナムル」は彩りのアクセントになります。味玉は糸で切ることで、切り口がシャープになり、きれいです。

#お弁当
#わっぱ弁当
#牛丼

今日のスイーツ

クリームチーズが入ってるので、「昭和のプリン」のように硬くはなく、濃厚ねっとりなプリンになりました。

・クリームチーズプリン

今日の盛り付け

器に入ったまま食べられるので、カラメルは下に入れています。ヨーグルトの瓶に、紙でフタをすることでプレゼントにも。ヨーグルトの瓶は中身が見える簡単なラッピングが効果的です。

#アサカシ
#クリームチーズプリン
#昭和のプリン

クリームチーズプリン

材料（7個分）

ヨーグルト瓶などの容器…7個
卵…L玉全卵3個＋卵黄1個
砂糖（お好みのもの）…60g
牛乳…350ml
クリームチーズ…120g
バニラオイルorバニラエッセンス…3振りくらい
カラメルタブレット…7個

作り方

1 クリームチーズを室温でやわらかくしておく
2 クリームチーズに砂糖を加えて、溶いた卵を少しずつ加えながらハンドブレンダーで撹拌する
3 人肌に温めた牛乳を②に加えてバニラオイルを振り入れ混ぜる
4 ③を2回漉してカラメルタブレットを入れた容器に流し入れる
5 鍋に容器を入れて、容器の1/3くらいの高さまで水を入れ、沸騰したら蓋をして弱火で10分、火を止めてそのままで蒸らし10分
6 表面を触って弾力があったら火を止める

#チーズケーキ
#低糖質おやつ
#ゆるゆる糖質制限

アレンジ

クリームチーズを使った、ボトムのパートシュクレ無し、甘味はラカント使用、粉無しの「糖質制限チーズケーキ」は加藤益造さんのフラワープレートに！

レシピは「基本のチーズケーキ」（197ページ参照）。

今日のご飯

・おにぎり（味ごま、柚子胡椒）
・里芋ベーコンのコロッケ
・ネギ入り出汁巻き玉子
・おからの炊いたん
・お揚げと白菜の炊いたん
・塩揉みきゅうりのキムチ和え
・菜の花のお吸い物…（59ページ参照）

今日の盛り付け

楕円のお盆に。「里芋ベーコンのコロッケ」は、はしもとさちえさんのお皿に盛り付け、ケチャップをドン。「塩揉みきゅうりのキムチ和え」は市野吉記さんのサジ皿に。「おにぎり」は、味ごま・柚子胡椒をまぶし、板皿に盛り付けました。

#和んプレート
#胃袋はもう春ですが何か
#とりあえず野菜食

里芋ベーコンのコロッケ

材料（2人分）

里芋…5～6個
ベーコン…2枚
片栗粉…小2
顆粒コンソメ…小1/2
塩コショウ…少々
天ぷら粉…適量
パン粉…適量
揚げ油…適量

作り方

1 里芋はふわっとラップをして皮のままやわらかくなるまで3分程レンチンして、潰す
2 ベーコンは1cm幅に切り炒める
3 ボウルに里芋とベーコンを炒めた油ごと入れ片栗粉、塩コショウ、顆粒コンソメを加えて混ぜ、丸く成形しておく
4 天ぷら粉を溶いたものをバッター液にしてくぐらせ、パン粉をつけて180°Cの油でキツネ色になるまで揚げる

【MEMO】丸く成形したものは冷凍保存しておきましょう。
「あの日頑張った私にありがとう」といえる日がきます。

アレンジ

冷めても美味しい「里芋ベーコンのコロッケ」は、お弁当にもぴったりです。ちなみにパン粉は、おからパン粉を使用しています。

チョコレートプリン

今日のスイーツ

・チョコレートプリン（生チョコスライスを使ってデコレーションしました）

今日の盛り付け

「チョコレートプリン」は、北欧ブランド・イッタラのレンピに。足の低いグラスはカジュアルに使えて便利。スライスチーズのようになってるホワイトチョコレートを型抜きし、グラスの内側にバランスを見ながら貼り付け……チョコレートプリン液を流し入れクリームなどでトッピングすれば完成。ホワイトチョコレートが水玉模様になって可愛いです。

#おうちカフェ
#水玉模様
#アサカシ

今日のご飯

・うなぎのせいろ蒸し
・豆腐とわかめのお吸い物
・蛇腹きゅうりの酢の物
・塩揉みラディッシュ

今日の盛り付け

炊きたてごはんにうなぎのタレを混ぜてせいろにIN。その上から錦糸玉子を乗せ、最後は主役の大きなうなぎを鎮座させる。

強火で5分、熱々のせいろ蒸しを召し上がれ！ さし色に「塩揉みラディッシュ」を添えています。輪切りにすると、赤い縁取りが映えます。

#うなぎ
#せいろ蒸し
#土用の丑

今日のご飯

- 豆ごはん
- 新玉フライ（おからパン粉使用）
- 筍の柚子味噌マヨタル（柚子味噌は自家製）
- 菜の花のおひたし
- ししゃものみりん干し
- つくしの甘辛煮
- 椎茸入り鶏スープ
- 苺

今日の盛り付け

この季節、顔にブツブツ出来るくらい食す山菜メニュー。「菜の花のおひたし」をセンターに、楕円のお盆にレイアウトしました。

#一汁常備菜
#筍メニュー
#まきくレシピ

筍の柚子味噌マヨタル

材料（2人分）

たけのこ水煮…120g
ゆで玉子（8分30秒）…1個
（調味料）
柚子味噌（白味噌でも可）… 大1
砂糖… 小1～2 ※柚子味噌は甘いので白味噌の場合のみ味見しながら入れる
マヨネーズ …大1

作り方

1 ボウルに調味料を全部入れ混ぜ合わせておく
2 たけのこ水煮は1cm角のサイコロ状に切って1～2分茹でる。
茹で上がったらキッチンペーパーに上げて水気を取る
3 ゆで玉子は粗みじん切りに
4 調味料のボウルにゆで玉子とたけのこを入れ絡める

#もぐもぐスプリング
#とりあえず野菜食
#おうちごはん

ドテマヨトースト

今日のご飯

・ドテマヨトースト（ツナコーン＆アスパラ）
・粗びきウインナー
・筍とスナップエンドウのペペロン…（58ページ参照）
・葉っぱ
・苺
・コーンスープ

今日の盛り付け

粗目の土味の渋さと、やわらかい風合いを感じる小林耶摩人さんの器にワンプレート。アスパラが細かったので、ななめに大胆にON！ インパクト出ます。

Point
春の彩りを考えながら盛り付けました！

#ドテマヨトースト
#朝ごはん
#コーンマヨ

今日のご飯

・豆ごはんおにぎり（グリーンピースを使った豆ごはん。でもやっぱりうすい豆の方が美味しい……）
・ジャーマンポテト
・姫竹メンマ
・ラーパーツァイ（中華風白菜の甘酢）
・ゴーヤのなめたけ和え
・スクランブルエッグ＆粗びきウインナー
・わかめのお吸い物

今日の盛り付け

「豆ごはんおにぎり」と「ジャーマンポテト」「姫竹メンマ」「ゴーヤのなめたけ和え」の豆皿は石田裕哉さんのもの。テーブルランナーは、北欧っぽいデザインですが、和の食卓とも相性の良いリネンのものを使用しました。いろいろな色や形の豆皿に盛り付けることで、残り物や常備菜ばかりでも気分が上がります！

#朝ごはん
#おうちごはん
#和んプレート

今日のお弁当

- 肉巻きおにぎり
- ミンチカツ
- ポテサラ
- ゆで玉子（8分20秒）
- ほうれん草の胡麻和え
- 粒マス人参ラペ

今日の盛り付け

この仕切り方が部屋の間取りみたいなので「2LDK」と名付けました！　こちらのお肉、1枚が私の顔がすっぽり肉パック出来るくらいの大きさ。「粒マス人参ラペ」「ほうれん草の胡麻和え」は小鉢に盛り付けています。

#まきく弁当
#おうちごはん
#肉巻きおにぎり

今日のご飯

・焼きたらこと大葉のおにぎり
・鰆の自家製西京焼き
・出汁巻き玉子
・海老団子
・茄子ピー味噌炒め
・春菊の胡麻和え…（60ページ参照）
・味噌汁
・苺

今日の盛り付け

「焼きたらこと大葉のおにぎり」「春菊の胡麻和え」は石田裕哉さんの豆皿に盛り付け隅切り盆に。隅切り盆は隅が切られたという意匠の八角盆。ハレの日はもちろん、日常使いとしても重宝します。

#一汁常備菜
#もぐもぐスプリング
#とりあえず野菜食

6種のクロワッサンサンド

今日のお弁当

・クロワッサンサンド（コロッケ、ベーコン・ゆで玉子、ベーコン・オムレツ、ハム・アボカド・人参ラペ、カスタード・苺、ポテサラ）

今日の盛り付け

冷凍保存していたミニクロワッサンを使ってパン弁。サンドにしましたが、お弁当箱に入らないので、ラップで包みました。ビタミンカラー（緑・黄・赤・紫）をバランス良くパンに挟むときれいです。

#クロワッサン
#パン弁
#サンドイッチ

今日のご飯

・おにぎり（焼きたらこ、かぶ菜の昆布茶漬け）
・揚げそぼろ肉じゃが
・出汁巻き玉子
・春菊の胡麻和え～味ごまパラリ
・味噌汁（かぶ、玉ねぎ、人参、薄揚げ）

今日の盛り付け

おにぎりは、手付き楕円ざるに。板皿には、大葉の上にのせた「出汁巻き玉子」と「春菊の胡麻和え」を。味噌汁は、藤野智朗さんのクリ材のそば猪口に。手彫りならではの感触と軽さも魅力です。

#おにぎり
#胃袋はもう春ですが何か
#とりあえず野菜食

かにまぶし御膳

Point
ごはんとの間にも蟹味噌がぎっしりです！

#かにまぶし
#おゆはん
#おうちごはん

今日のご飯
・かにまぶし
・ししゃもの南蛮漬け
・かぼちゃサラダ
・冷奴
・きゅうりの浅漬け
・姫皮のお吸い物

Point
お吸い物のお椀以外は黒のお皿で統一。「ししゃもの南蛮漬け」は、加藤祥孝さんのお皿に。「かにまぶし」は高島大樹さんの丼にイン。

手巻き寿司

#手巻き寿司
#タラバ蟹
#まきくごはん

今日のご飯
＜酢飯、海苔、薬味＞
・タラバ蟹
・アボカド
・イカ刺身
・ボイル海老
・錦糸玉子
・かいわれ菜
・きゅうり
・大葉

Point
手巻き寿司の具材や薬味はいろんな器に盛り付け並べると見た目も楽しくなります。

皮付きおジャガのそぼろ肉じゃが

材料

新じゃが（3cmくらいのちさいもの）…10個くらい
人参（乱切り）…中1/2本
玉ねぎ（くし切り）…1/2個
豚ひき肉…50～100g
グリーンピース（冷凍）…少々
生姜（チューブ）…3cmくらい
水…200ml
（調味料）
油…大1
酒…大2
醤油…大3
みりん…大2
蜂蜜…大1/2

作り方

1 じゃがいもは皮付きのまま使うのでよく洗う
2 圧力鍋に油を入れ、生姜と豚ひき肉を入れて炒める
3 ひき肉の色が変わったらグリーンピース以外の野菜を入れ、油が回る程度まで炒める
4 調味料と水を入れ、加圧6分（圧力鍋によるので調整してください）
5 ピンが下りたら蓋を開けグリーンピースを入れて汁気が少なくなるまで煮詰める

筍とベーコンのハニマス醤油炒め

…（22ページ参照）

材料

筍水煮（3mmくらいの薄切り）…150g
ベーコン…2枚（2cm幅に切る）
オリーブオイル…適量
にんにく…少々
塩コショウ…少々
パセリ…少々
（調味料）
粒マスタード…大1.5
蜂蜜…大1
醤油…小1

作り方

1 粒マスタード、蜂蜜、醤油を混ぜ合わせておく
2 フライパンにオリーブオイル、にんにくを入れ中火で香りが出るまで炒め、ベーコンを加え炒める
3 ベーコンから脂が出てきたら筍を加え、少し焦げ目がつくくらいまで炒める
4 ①で混ぜ合わせておいた調味料をフライパンに入れざっと絡める
5 塩コショウで味を整え、最後にみじん切りにしたパセリを入れて全体を混ぜる

COLUMN

ワンプレート盛りの基本

・クロワッサン
・じゃがいものガレット＆ベーコン
・塩蒸しアスパラ
・人参ラペ
・葉っぱ

1 輪花楕円プレートに、パンをドンっ！　形の変えられないものから乗せます
2 焼いたベーコン（写真ではほとんど見えていません…）を斜めに2枚乗せます
3 小さめに焼いたガレットを3枚立体的に積み上げる
4 人参ラペを小鉢に（汁気のあるものは小鉢に）入れてアクセントを付けます
5 アスパラを立体的に盛り付けます
6 葉っぱを空いたスペースに（量を調整しやすいものは最後に）盛るとバランスが取りやすいです
7 ①②③④⑤⑥の順に盛り付け、ケチャップ、粒マスタードをかけてできあがりです

豆ごはん…（18ページ参照）

材料

うすいえんどう（グリーンピース可）…正味150g
米…2合
塩…小1
昆布…適量
酒…小1
豆の茹で汁…400ml
うすいえんどうのさや（洗っておく）…ひとつかみ

作り方

1 米は洗ってザルに上げておく
2 うすいえんどうはさやから出し、水500mlを入れた鍋でやわらかくなるまで茹でる。茹で上がったら茹で汁400mlは取り置きして、残りは豆を浸けたまま冷ます（シワシワにしないため）
3 土鍋に米と冷ました茹で汁、塩、酒、昆布、さやを入れ強火で10～12分、火を止めて20分蒸らす
4 蒸らす段階で茹でた豆を入れる

※これは土鍋で炊く場合の水分量なので、炊飯器で炊く場合は2合の目盛りまでの水分量にする

つくしの甘辛煮…（18ページ参照）

材料

つくし…適量
（調味料）
酒…適量
砂糖…適量
醤油…適量
※酒：砂糖：醤油＝1：1：1

作り方

1 つくしはかまを剥いて軽く洗う
2 多めの水を入れた鍋につくしを入れ沸騰するまでアクを取る。水が緑っぽい色になるので、水を替えながらこの作業を3回ほど繰り返す
3 水を捨てた鍋につくしを戻し、調味料を入れて汁気が無くなるまで煮る

わけぎとカリカリお揚げのぬた…（18ページ参照）

材料（約4人分）

わけぎ…1束
油揚げ…小1枚
白味噌…大1
酢…大1
蜂蜜…小1
からし（チューブ）…少々

作り方

1 油揚げは小さい短冊切りにして、オーブントースターで焦げ目がつくくらいに焼いておく
2 白味噌、酢、蜂蜜、からしを混ぜてからし酢味噌を作る
3 わけぎは食べやすい大きさに切って茹でる
4 水気を絞ったわけぎと焼いた油揚げを混ぜて、からし酢味噌をかける（和えてもよい）

花蓮根…（19ページ参照）

材料

蓮根…5cmくらい
酢…大2
蜂蜜（砂糖でも可）…小1

作り方

1 蓮根はピーラーで皮を剥いたら花形になるように側面を包丁で切っていき、3mm厚さに切ったら約5分茹でる
2 酢、蜂蜜を混ぜて作った甘酢に熱いうちに漬ける

筍の土佐煮…（20ページ参照）

材料

アク抜きした筍（水煮）…小1本
白だし…小1
醤油…大1
みりん…大2
水…200ml
かつお節（パック）…1袋

作り方

1 アク抜きした筍を食べやすい大きさに切って水を入れた鍋に白だし、醤油、みりんを加えて煮含める
2 汁気が無くなったらかつお節を加えてサッと混ぜる

筍の柚子味噌焼き…（23ページ参照）

材料

アク抜きした筍（水煮）…適量
柚子味噌（私は手作りしたものですが、市販のもので可）…適量
木の芽…あれば

作り方

1 筍は食べやすい大きさに切る
2 切った筍に柚子味噌を塗ってオーブントースターで焦げ目がつくまで焼く
3 木の芽があれば上に飾る

筍とスナップエンドウのペペロン…（48ページ参照）

材料（2人分）

筍の水煮（薄切り）…50g
スナップエンドウ…100g
オリーブオイル…大1
にんにく（チューブ）…少々
塩…少々
鷹の爪…少々
ブラックペッパー…好きなだけ

作り方

1 スナップエンドウは熱湯で軽く1分程茹でてザルに上げる
2 フライパンにオリーブオイル、にんにくを入れて香りが出たら筍、スナップエンドウ、鷹の爪を入れて1～2分炒める
3 塩で味付けしてお皿に盛り付けたらブラックペッパーを振りかける

こごみのおひたし…（22ページ参照）

材料

こごみ…10本
白だし…小1
醤油…小1/2
蜂蜜…ほんの少し

作り方

1 こごみは丸まった部分を伸ばしながらよく洗う
2 沸騰したお湯にこごみを入れてサッと茹でたら冷水に取り、食べやすい大きさに切る
3 ボウルに入れ、白だしを絡める（下味付け）
4 醤油と蜂蜜を混ぜたものを食べる直前に入れて和える

菜の花のおひたし…（24ページ参照）

材料

菜の花…半束
白だし…小1
醤油…小2
蜂蜜…ほんの少し

作り方

1 菜の花は火の通りが早いので、サッと熱湯に入れて1分程で火からおろし冷水にさらす
2 軽く水気を絞って白だしを絡める（下味付け）
3 食べる直前に水分をギュッと絞って醤油と蜂蜜を混ぜたものと和える

菜の花のからし和え…（33ページ参照）

材料

菜の花…半束
白だし…小1
醤油…小2
蜂蜜…ほんの少し
からし（チューブ）…適量

作り方

1 菜の花は火の通りが早いのでサッと熱湯に入れて1分程で火からおろし冷水に浸す
2 軽く水気を絞って白だしを絡める（下味付け）
3 食べる直前に水分をギュッと絞って醤油、蜂蜜、からしを混ぜたものと和える

菜の花のお吸い物…（25ページ参照）

材料（2人分）

菜の花（半分に切る）…3本くらい
あごだし（兵四郎のだしパック1袋使用）…500ml

作り方

1 だしパックであごだしを取る
2 菜の花をサッと茹でて水気を絞っておく
3 お椀に菜の花を入れてだしを注ぐ

春菊の白和え…（24ページ参照）

材料（2人分）

春菊…1/2束
人参（千切り）…適量
木綿豆腐…80g（1/4丁）
（調味料）

白味噌…小1
練り胡麻…小2
蜂蜜…小1
みりん…ほんの少し
麺つゆ（2倍希釈）…小1
すり胡麻…適量

作り方

1 木綿豆腐は重しをして15分程、水切りする
2 春菊と人参は軽く茹でておく。春菊は水分を絞って3cmくらいに切る
3 水切りした豆腐を手で細かく崩して全ての調味料を加え、スプーンなどで滑らかになるまで混ぜる
4 ③の中に茹でた春菊と人参を加えさっくり和える

春菊の胡麻和え… （51ページ参照）

「ほうれん草の胡麻和え」（213ページ）の作り方と同じ。材料のほうれん草を春菊に置きかえる

筍おこわ… （32ページ参照）

材料（2人分）

米…1合
もち米…1合
筍（薄切り）…100g
人参（千切り）…1/4本
干し椎茸（水で戻して千切りに。戻し汁100mlほど残しておく）…2枚
油揚げ（千切り）…小1枚
ツナ（油も使う）…小1缶
あごだし（兵四郎のあごだしパック1袋使用）…300ml
（調味料）
醤油…小1
みりん…小1
塩…ひとつまみ

作り方

1 米ともち米を洗ってザルに上げる
2 土鍋に米ともち米を入れる。あごだしと椎茸の戻し汁を足して400ml入れて30分浸水させる
3 土鍋に調味料を入れて軽く混ぜ具材を乗せて
強火で10～12分炊いたら、火を止めて20分蒸らす
※これは土鍋で炊く場合の水分量なので、炊飯器で炊く場合は2合の目盛りまでの水分量にする

夏

Summer

Point
桶・氷・ガラスの器・青もみじが涼しげです！

今日のスイーツ

・水羊羹

今日の盛り付け

竹の容器は、この容器欲しさに近所の和菓子屋さんで水羊羹を買って集めたもの。水羊羹はこしあんと粉寒天があれば作れるのでぜひ試してみてください。見た目にも涼しげなので、暑い季節におすすめです。5色豆（かのこ豆）をトッピングすると、彩りに加え食感も楽しめます。

#アサカシ
#水羊羹
#容器再利用

水羊羹

材料（2人分）

こしあん…250g
水…500ml
塩…ひとつまみ
粉寒天…4g

作り方

1 鍋にこしあんと水を入れて、あんこをよく溶かしてから火にかける
2 沸騰したら粉寒天と塩を入れ更に1～2分混ぜて寒天を溶かし火を止める
3 かき混ぜながら粗熱を取る（※水とあんこが分離するのを防ぐ為）
4 容器に入れて冷やし固める

【MEMO】寒天はゼラチンと違って常温でも固まるので、固まりかける前に容器に入れてください。固まりかけて入れると食感が悪くなります。

【MEMO】このレシピは甘さ控えめで瑞々しい水羊羹なので、もっと濃いめのがいい人は、こしあんと水を1：1で作ってください。

アレンジ

あんこが余ったら、アサカシを。あんを使った「五色串団子」（134ページ）を参照ください。

韓国海苔巻き（キンパ）

キンパ
肉団子の甘酢あん
Point
キンパと
肉団子の
大きさを
同じに！

今日のお弁当

・キンパ（肉、人参甘酢…（111ページ参照）、小松菜のナムル…（111ページ参照）、たくあん）
・肉団子の甘酢あん（肉団子は冷凍貯金）

今日の盛り付け

丸輪っぱに「キンパ」と「肉団子の甘酢あん」をお花のように盛り付け。肉団子とキンパを同じ大きさに作るのが、ポイントです。「輪っぱ」「キンパ」「肉団子」全て「丸」を意識しています。「キンパ」の断面の彩りを考え具材をのせていきましょう。

#お弁当
#わっぱ弁当
#まきく弁当

今日のご飯

・キンパ（コチジャン肉そぼろ…（107ページ参照）、厚焼き玉子、カニカマ、ほうれん草のナムル）
・冷製茶碗蒸し
・そら豆ペペロン…（107ページ参照）（ニンニク海老塩パラリ）

今日の盛り付け

奥絢子さん（陶房momo）の「千鳥皿」に盛り付け。おめでたい縁起のいい形です。箸置きと小鉢も千鳥と瓢箪をモチーフにしたおめでたいモノで合わせてみました。「キンパ」の具材は彩りを考えチョイスしていきます。キンパの断面が見えるように盛り付け、糸唐辛子をトッピングしました。

#おうちごはん
#まきくごはん
#トキメキ夏めきごはん

今日のご飯

・味噌カツ丼
・ミョウガ
・お吸い物（豆腐、わかめ）

今日の盛り付け

たーっぷりの千切りキャベツを敷いた味噌カツ丼は、高島大樹さんの丼椀に。結構大きいのにハミ出しとる。こちらの丼椀を高塚和則さんの「ひとり膳／丸」にセットしました。

#ごはんでエールを
#生産者の顔が浮かぶ食卓
#トンカツ

今日のご飯

・おにぎり
・鯵の南蛮漬け…（108ページ参照）
・たらば蟹ときゅうりの酢の物（おゆはんスライド）
・きのことお揚げの甘辛煮（常備菜）
・温泉玉子＆オクラ
・そら豆ソテー エジプト塩パラリ…（107ページ参照）
・オレンジ

今日の盛り付け

八角盆は、器をしつらえるプレースマットとして。更に小紋柄のテーブルクロスと竹マットで涼しさを演出しています。

#朝ごはん
#うつわ
#とりあえず野菜食

before

after

常備菜御膳

今日のご飯

・おにぎり（焼きたらこ＆大葉）
・コロッケ
・オクラのおひたし…（112ページ参照）
・人参甘酢
・五目豆
・茄子の煮びたし

今日の盛り付け

Shimoo Designさんの「浮様（fuyou）」に盛り付け。「五目豆」は、岩崎晴彦さん（suetukuri）のミルクピッチャー片口小鉢に。形もコロンとしてかわいいので、お弁当箱の中に小鉢として忍ばせることが多いです。

#和んプレート
#まきくごはん
#とりあえず野菜食

今日のスイーツ

ちょっとレトロなお花は、幼少時代に着ていた花柄のワンピースのことを思い出しました。

・さくらんぼパフェ

今日の盛り付け

沖澤康平さんのワイングラス（スリム）に。グラスの内側の側面に型抜きしたお花のチョコレートを貼り付けた後、杏仁豆腐とセブンの「金のワッフルコーンソフト」とさくらんぼを使って飾り付けました。

#アサカシ
#生チョコの新しいカタチ
#スライス生チョコレート

精進料理風御膳

今日のご飯

・おにぎり（バター醤油とうもろこし…（108ページ参照）、野沢菜）
・焼き厚揚げ
・いんげんの胡麻和え
・人参甘酢
・ニラ玉…（108ページ参照）（あった！あった！動物性タンパク質）
・ひじき入りおからの炊いたん
・さくらんぼ

今日の盛り付け

いろいろな形のお皿、豆皿、小鉢を使って、菱形の器を斜め一列に配置したのがポイントです。涼しげな和柄木製コースター（麻の葉）は、この季節にオススメです。

#ごはんでエールを
#朝ごはん
#とりあえず野菜食

今日のご飯

・バタートースト
・目玉焼き＆粗びきウインナー
・いんげん＆舞茸ソテー…（109ページ参照）
・かぼちゃのカレー塩和え…（109ページ参照）
・葉っぱ
・スムージー（ミックスベリー、追いブルーベリー、ヨーグルト）

今日の盛り付け

Shimoo Designさんの「浮様リム皿24cm」に盛り付けワンプレート。浮き上がった木目が美しいです。スムージーは、沖澤康平さんのワイングラスに。さくらんぼとキウイで可愛くデコレーションしました。

#スムージー
#ビタミン補給
#ミニサイズの食パン

ティラミス
Point
グラノーラを
間に挟むと食感も
見た目も
楽しめます！

今日のスイーツ

マスカルポーネチーズ消費のため、ティラミス作りました。

・ティラミス

今日の盛り付け

沖澤康平さんのグラスに入れると、グラノーラとチーズクリームの層が見た目にも楽しい。ティラミスは簡単で手軽に作れるのもうれしいです。

#アサカシ
#ライスグラノーラ
#まきくレシピ

ティラミス

材料（2人分）

マスカルポーネチーズ…100g
卵黄…1個分
粉糖（粉糖が一番溶けやすいかな）…20g
生クリーム…100ml
ライスグラノーラのメープル味…適量
インスタントコーヒー…大1
水…60ml
ココアパウダー…適量
なかない粉糖…適量

作り方

1 インスタントコーヒーを水で溶かしてコーヒー液を作る
2 ライスグラノーラのメープル味を①のコーヒー液に浸して……
3 マスカルポーネチーズを室温に戻してやわらかくした中に卵黄と粉糖を入れてもったりするまでホイッパーで撹拌する
4 ボウルに生クリームを入れてブレンダーで撹拌し、ツノが立つちょい前くらいでやめる（これは、ちょい硬め仕上がりです）。※生クリームの泡立て加減でやわらかさが変わるので、トロトロがいい人は7分立てくらいで！
5 生クリームの中に③のマスカルポーネチーズを加えムラなく混ぜ合わせる
6 お好きな容器にライスグラノーラ、クリーム、ライスグラノーラ、クリームと2回交互に重ねていく
7 冷蔵庫で3時間ほど冷やしたら出来上がり！　食べる直前にココアパウダー、なかない粉糖を振りかける

アレンジ

「ライスグラノーラ」を「ビスケット」に、「コーヒー」を「ほうじ茶ティーバッグ」に、「ココアパウダー」を「ほうじ茶パウダー」に変更することで、「ほうじ茶ティラミス」ができます！　「グラス」→「升」にして市松模様をほどこせば、市松ティラミスに！

ごぼうの和風ポタージュ

今日のご飯

食物繊維が豊富なごぼうを使ってほっこりクリーミーな和風味。和の調味料、白味噌や白練り胡麻がコクのポイントです！

・ごぼうの和風ポタージュ
・パン（Ｐａｎ＆）

今日の盛り付け

村上直子さんの黒い器に、「ごぼうの和風ポタージュ」を。さらに素揚げしたごぼうをトッピング。トッピング用のごぼうは大きめのささがきにして、あく抜きしたら水気を切ってから素揚げする。スープのおともには、Ｐａｎ＆（パンド）の冷凍パンをリベイクしてパリッと！いただきました。

● ごぼうの和風ポタージュ

材料（7皿分）

・ごぼう…1本（150g）
・玉ねぎ…1/2個（100g）
・オリーブオイル…大1
・あご出汁…250ml（あご出汁の素:小1/2、水:250ml）
・牛乳…150ml
・白味噌…大1
・白練り胡麻…小1
・塩…少々
・サラダ油（素揚げ用）…適量
・オリーブオイル…適量

下ごしらえ

・ごぼうは包丁の背で皮をこそげ取り、トッピング用に先の細い方を10cm程度取り分け素揚げする
・残りのごぼうは斜め薄切りにして5分水にさらし、水気を切る
・玉ねぎは薄切りにしておく

作り方

1 鍋にオリーブオイル大さじ1杯をひいて熱し、薄切りにした玉ねぎとごぼうを加えて、玉ねぎがしんなりするまで炒める
2 あご出汁を加えてフタをし、ごぼうがやわらかくなるまで弱中火で10～15分煮込んで火を止める
3 ハンドブレンダーでなめらかになるまで撹拌します。白味噌、白練り胡麻を加えてよく混ぜ、牛乳、塩を加えて温める
4 器に盛り付け、オリーブオイル適量を回しかけ、素揚げしたごぼうをトッピングして完成

【MEMO】 ごぼうを煮る際、出汁が少なくなり過ぎるようなら50ml程度、出汁か水を足して様子を見ましょう。

#具がないスープ
#スープレシピ
#冷凍パン

今日のご飯

・おにぎり（野沢菜、桜エビ&セリ）
・ピリ辛こんにゃく
・ちくわ天
・玉子焼き
・おかひじきとツナの柚子胡椒マヨ和え
・丸ごと玉ねぎのジュレがけ

今日の盛り付け

ちくわ天は斜めに切り、立たせセンターに。ちくわ天のまわりを囲むように、おかずを盛り付けます。おにぎりは立てずに寝かして高さにリズムをつけています。「丸ごと玉ねぎのジュレがけ」はガラスの器に盛り付けて涼しさを演出しました。

#和んプレート
#まきくごはん
#とりあえず野菜食

丸ごと玉ねぎのジュレがけ

材料（2人分）

玉ねぎ（小）…2個
玉ねぎスープ…3袋
粉ゼラチン…2g
茹でたオクラやミニトマト…お好みで

作り方

1 玉ねぎスープ1袋をお湯200mlで溶いて冷ます
2 粉ゼラチンに水15ml（大1）を加えふやかす。5分置いてレンチンして溶かす
3 溶かしたゼラチンを①に加えよく混ぜたら浅めのバットに流して冷蔵庫で冷やし固める（ゆるいジュレになります）
4 玉ねぎは頭の部分を少し残すように皮を剥く
5 耐熱皿に並べて軽くラップをしてレンジ（700W）で様子を見ながら3分程度、少しやわらかくなるまでレンチンする
6 鍋に玉ねぎスープ2袋と水500mlを入れその中に⑤の玉ねぎを加え火にかけやわらかくなるまで煮る
7 玉ねぎを冷ましてから冷やしていたジュレをフォークで細かくしてまわりにかける。お好みで茹でたオクラやミニトマトを添える

【MEMO】 玉ねぎスープがない場合はチキンコンソメで代用してください（その場合は煮る用1個・ジュレ用1/2個くらいが適量です）。

Point
玉ねぎは、とっても甘い淡路島産のもので作りました！

天ざる蕎麦

盛り付けアレンジ

今日のご飯

・蕎麦
・とろろ
・天ぷら（海老、アスパラ、しいたけ）
・温泉玉子
・きゅうり、ミョウガ、オクラ、お揚げ、梅干し

今日の盛り付け

蕎麦はざるに笹を敷いて盛り付け。薬味は豆皿に。温泉玉子はガラスの小鉢に。無造作に並べてワクワク感を演出しました。シンプルにざる蕎麦もいいですが、別皿に盛り付けて「ぶっかけ蕎麦」にしても楽しめます。

#ランチ
#蕎麦
#おうちごはん

今日のご飯

・しらす丼
・かぼちゃとがんもの炊いたん…（110ページ参照）
・紅白なます
・すもも
・ハスカップ・フロマージュ

今日の盛り付け

古川桜さんの「赤絵木の芽文深飯碗」にしらす丼を。こちら、器の中まで絵付けされているので、最後まで目も楽しませてくれます。しらすには大葉、卵の黄身、ミョウガをトッピング。デザートは、真っ赤でかわいい「すもも」に加え、いちえ市場さんの「ハスカップ・フロマージュ」を堪能しました。

#朝ごはん
#しらす丼
#おうちごはん

ガッツリしらす丼

今日のお弁当

・豚バラ焼豚
・味玉…（109ページ参照）
・2色ズッキーニのナムル…（109ページ参照）
・切り干し大根のハリハリ漬け

今日の盛り付け

「乗っけ弁」はその名の通り、ごはんにおかずをそのまま乗せてしまうお弁当。「豚バラ焼豚」と「味玉」「切り干し大根のハリハリ漬け」の三種では彩りがないため、大葉やズッキーニのグリーンをプラス。2色のズッキーニにすることで、黄色もプラスされました。

#わっぱ弁当
#まきく弁当
#地味弁組合

豚バラ焼豚

材料

豚バラブロック…500g
塩コショウ…少々
ネギ（青いところ）…10cm くらい
生姜（薄切り）…1かけ分
にんにく（チューブ）…3cm くらい

（調味料）
醤油…大6
酒…大3
砂糖…50g
蜂蜜…30g
オイスターソース…小2
水…150～200ml

作り方

1 豚バラに塩コショウを揉み込んで、熱湯で10分茹でて余分な脂を落とす
2 圧力鍋に入る大きさに切って油を引かずに豚バラを入れ、全面焦げ目が付くくらい焼く
3 その中にネギ、生姜、にんにく、調味料、水を入れ加圧30分
4 鍋のまま冷ましたら冷蔵庫に入れる。白い脂が固まってくるのでそれを取り除く
5 食べる時に再度温めてください

【MEMO】 残ったタレにはゆで玉子を漬けて味玉も出来ます。

#ブロック豚バラ
#豚バラ焼豚
#味玉

今日のスイーツ

本日も「しっかり硬い」「しっかり苦い」プリンを作りました。

・昭和のプリン

今日の盛り付け

清岡幸道さんのオーバルプレートにシンプルに盛り付け。プリンだけをシンプルに味わいたい！　こちら、ケーキ皿や取り皿に丁度いい20×13㎝の大きさです。

#おうちカフェ
#手作りスイーツ
#プリン

昭和のプリン

材料（カップ4〜5杯分）

卵…L玉全卵2個＋卵黄1個
ラカント（グラニュー糖でも可）… 60g
牛乳…350ml
バニラビーンズorバニラオイル…少々
カラメルタブレット…個数分

作り方

1 卵とラカントをよく混ぜる
2 牛乳はラカントが溶ける程度に温める
3 ①に②を入れ混ぜる
4 ③を濾しバニラビーンズorバニラオイルを混ぜる
5 カップにカラメルタブレット、卵液の順に入れる
6 鍋にカップを入れお湯をカップの高さの1／3くらいまで張って弱火10分、蒸らし10分

アレンジ

好きなもの全部乗っけました。プリンはいつもの「昭和のプリン」、コーヒーゼリーは濃いめのブラック、アイスは「MOWのバニラ」でminiパフェ風に。藤原純さんの器にお洒落に盛り付けました。

今日のお弁当

・おいなりさん
・鶏の唐揚げ
・甘い玉子焼き…（110ページ参照）
・海老団子
・ゴーヤとツナのマヨサラダ…（111ページ参照）
・揚げ茄子の煮びたし
・キウイ

今日の盛り付け

春慶塗のお弁当箱に盛り付け。一段目におかず、二段目にはおいなりさんを。裏返したお揚げは三つ葉で結び、表・裏を交互に盛り付けることでアクセントになります。

#お弁当
#おいなりさん
#唐揚げ確か5個

今日のスイーツ

パンダ杏仁豆腐と芒果プリン（共にカルディ）を使って。メロンはこの時期が旬（7～8月）の「星と蜂のメロン」という名のマスクメロン。大事に梱包されたメロンには食べ頃の日付も付けてくださるお気遣い。
・メロンパフェ

今日の盛り付け

イッタラの「グラスレンピ」（340ml）に芒果プリン（オレンジ）と杏仁豆腐（白）を入れて二層に。メロンは計量スプーンを上手に使って丸くくり抜き、生クリームとともにグラスに盛り付け。更にメロンの模様がアクセントになるように、三日月形に切り縦に差し込むように盛り付けました。

#アサカシ
#おうちカフェ
#今が旬

今日のご飯

・たこ飯
・出汁巻き玉子
・ぶりのあら炊き
・人参ラペ
・蛇腹きゅうりの浅漬け
・いちじく

今日の盛り付け

たこ飯は、伝統的な遺産を現代的なコンセプトでデザインした波佐見焼のテーブルウェアシリーズ「HASAMI PORCELAIN」（ハサミポーセリン）に。いちじくは、小澤基晴さんの輪花4寸皿に盛り付けました。

#たこ飯
#おうちごはん
#まきくごはん

たこ飯

材料（2人分）

米…2合
茹でだこ（1cm角に切る）…150gくらい
あごだし（兵四郎のだしパック1袋使用）…炊飯器の2合の目盛まで
生姜（針生姜にする）…薄切り4～5枚分
三つ葉…少々
（調味料）
醤油…小1
塩…ひとつまみ
みりん…小1

作り方

1 米は洗ってザルに上げておく
2 米を炊飯器に入れ茹でだこ、あごだし、調味料を入れ炊飯する
3 炊き上がったら生姜を入れ蒸らす
4 蒸らし終わったら混ぜ、お茶碗に盛ったら三つ葉を散らす

アレンジ

「たこ飯でたこ焼き風ライスコロッケ」（左）と「たこ唐マウンテン」（右）。「たこ焼き風ライスコロッケ」はソースじゃ合わないと思って八丁味噌に蜂蜜、みりん、お酒、自家製のゆず味噌も加えた味噌カツ用のソースにしました。

目玉焼き朝ごはん

今日のご飯

・おにぎり（しらすおかか）
・目玉焼き、粗びきウインナー、万願寺の塩焼き
・揚げ海老焼売
・冬瓜の蟹あんかけ

今日の盛り付け

清水貴之さんの竹製折敷に盛り付け。おにぎりには笹の葉を敷きました。竹製品は涼しげな雰囲気を出してくれます。夏は竹製品同様、ブルー系の器も大活躍です。

#しらすおかか
#朝ごはん
#竹製品

今日のご飯

・おにぎり（わさびふりかけ、海苔、焼きたらこ梅、厚削り鰹節の佃煮、ゆかり、モノトーン胡麻）
・出汁巻き玉子
・人参ラペ
・ひじきの炊いたん
・ゴーヤのたらこ炒め…（110ページ参照）
・粗びきウインナー
・味噌汁（豆腐、お揚げ、舞茸）

今日の盛り付け

小沢賢一さんのカッティングボードにおにぎりを。林京子さんの長角皿に「出汁巻き玉子」、沖澤康平さんの涼しげなガラスの器（カク）に「人参ラペ」、葛西国太郎さんの豆皿に「ひじきの炊いたん」、安福由美子さんの豆皿に「ゴーヤのたらこ炒め」、松浦コータローさんによって絵付けされたお皿に粗びきウインナーを盛り付けました。

#朝ごはん
#おにぎり
#おうちごはん

イングリッシュマフィン

今日のご飯

・イングリッシュマフィン
・アスパラソテー（にんにくえび塩）…（112ページ参照）
・粒マス人参ラペ
・とうもろこし蒲鉾
・ハム＆葉っぱ
・ヴィシソワーズ

今日の盛り付け

小林耶摩人さんのざらざらとした質感が特徴の8寸皿に盛り付け。「ヴィシソワーズ」はグラスに入れ皿にON。ヴィシソワーズはマルチブレンダーを使って簡単にできる夏のスープです。

#朝ごパン
#まきくレシピヴィシソワーズ
#とりあえず野菜食

ヴィシソワーズ

材料（2人分）

じゃがいも…200g（中2個くらい）
玉ねぎ…1/2個
オリーブオイル…大1
コンソメ…1個
水…300ml
牛乳…150ml
塩コショウ…少々

作り方

1 じゃがいもは薄切りにして水にさらす
2 鍋にオリーブオイルを入れ、薄切りにした玉ねぎを入れてしんなりするまで炒める
3 水切りしたじゃがいもを加え、じゃがいもが透き通るくらいまで炒めたら水とコンソメを加え、じゃがいもが煮崩れる程度まで10分ほど煮る
4 火を止めて粗熱を取ったらマルチブレンダー（ハンドブレンダーやフードプロセッサーでも可）に入れて滑らかになるまで撹拌する
5 そのまま2時間くらい冷蔵庫で冷やしたら牛乳を加えてよく混ぜる
6 味をみて塩コショウで調整する

石焼きピビンパ風ごはん

今日のご飯

・石焼きピビンパ風ごはん（コチジャン肉そぼろ、キムチ、紅白なます、もやしナムル、ぜんまいナムル、おかひじきのナムル、温玉）

今日の盛り付け

本日のがっつり飯は、ブリキや彰三さんの「銅製フライパンmini」に。銅製の鍋やフライパンって無造作にぶら下げてあるだけでカッコいいじゃない？　このフライパンはサイズも小さめなのでお皿代わりに。出来立てをそのままサーブできるのもうれしいです。

盛り付けアレンジ

#ピビンパ
#うつわ
#小さめのフライパン

今日のご飯

・バゲットサンド（コロッケ、玉子サラダ、ハムカツ）
・おやつのアイシングクッキー

今日の盛り付け

細長い長角タイプの竹ランチボックス。バゲットサンドもかごにシンデレラフィット！　通気性がよいからサンドイッチも蒸れません。全体が茶色で隠れてしまわないように、葉っぱの緑や玉子の黄色をチラ見せします。

#パン弁
#パンはかごにシンデレラフィット
#奇跡

盛り付けアレンジ

今日のお弁当

・おにぎり（野沢菜、味ごま、ゆかり）
・コロッケ
・赤ウインナー
・甘い玉子焼き（混ぜる時に「まぜ卵」っていうかき混ぜ棒を使うと、白身が綺麗に切れるから出来上がりの見た目や食感にも差が出ます。あと、甘い玉子焼きは焦げやすいから極弱火でじっくり！　出汁巻きは強火でさっと作ります）
・ピリ辛こんにゃく
・きゅうりの甘酢
・具沢山おからの炊いたん（玉ねぎ、ごぼう、人参、グリーンピース、干し椎茸、えのき、竹輪、お揚げ、こんにゃく）

今日の盛り付け

見た目小さくて相変わらず詰めづらいのだけど、容量は各350ml、計700mlだから結構入ります！　ご飯は240gくらいまでならOK。「きゅうりの甘酢」は、赤のラインが美しい小鉢に入れました。

#お弁当
#わっぱ弁当
#丸二段姫子重

今日のご飯

・おにぎり
・鮭の塩焼き
・揚げ長芋の甘辛がらめ
・ゴーヤのおかか炒め
・切り干し大根のハリハリ漬け
・かぼちゃサラダ
・かぼちゃの素揚げ（エジプト塩で）
・人参ラペ
・釜スイーツ（ティラミス）

今日の盛り付け

小林耶摩人さんのお皿にワンプレート。人参ラペは、マルヤマウエアさんの豆皿に。コースターは、松永徳子さんのこぎん刺しです。

#朝ごはん
#おうちごはん
#とりあえず野菜食

小判形わっぱ弁当

今日のお弁当

・明太焼売（めんたいパークで買ったもの）
・たこのやわらか煮（圧力鍋で10分煮てめちゃやわらか～）
・出汁巻き玉子
・茄子の麻辣醤炒め…（112ページ参照）
・オクラのおひたし
・厚削り鰹節の佃煮

今日の盛り付け

小判形のわっぱを新調しました。スリムタイプが欲しくて、これは720ml入るからベストです。曲げわっぱの弁当箱は、余分な水分を逃し、必要な水分をコントロールしてくれるので夏はご飯が傷みにくく冬はご飯が硬くなりにくく美味しいのです。今回はきっちり仕切らずにおかずの彩りを考えながら詰めていきました。

#お弁当
#わっぱ弁当
#まきく弁当

今日のスイーツ

・ミルク抹茶プリン（ミルクプリンと抹茶プリンの上に、白玉…（111ページ参照）と抹茶アイス、無花果、五色鹿の子をトッピング）

今日の盛り付け

200mlの耐熱ガラスのボデガグラス＋ステンレスのコースターに盛り付け。南裕基さんのスプーンでいただきました。無花果のかわいいビジュアルを活かした切り方にしてみました。

#アサカシ
#おうちカフェ
#和スイーツ

昭和のカレーライス

今日のご飯

いつもはスパイスカレーだけど、今日は敢えてフツーのカレーライス。しかも圧力鍋だから5分で出来上がる！

・昭和のカレーライス
・サラダ
・福神漬け

今日の盛り付け

この器は、いにま陶房さんの「おとなカレー皿」。サラダボウルは、イッタラの「フローラ ボウル」（200ml）。カレー皿はリムの内側のふちに返しがあって、最後のひとさじまできれいにすくえるのです。

#おうちごはん
#カレーなる夏
#カレーライス

今日のご飯

・クロワッサンサンド（アボカド、スクランブルエッグ、紫たまねぎ）
・冷たい人参ポタージュ…（112ページ参照）
・無花果

今日の盛り付け

ShimooDesignさん独自の仕上げ法で作られた「浮様（fuyou）」というスクエアプレートにクロワッサンサンドと冷たい人参ポタージュを盛り付けました。人参ポタージュは、はしもとさちえさんの器に。無花果は額賀円也さんの菱形小鉢に。黒の器は食材をより引き立ててくれます。

#朝ごパン
#サンドイッチ
#おうちごはん

スパイスチキンカレー

今日のご飯

チキンのスパイスカレーを作りました。カレーみたいな煮込み料理にはやっぱり骨付きで。上にはパクチーではなく、三つ葉をのせています。
・スパイスチキンカレー

今日の盛り付け

スパイスチキンカレーは、高島大樹さんの黒い器に盛り付け。今回は三つ葉を散らしましたが、パクチーや人参ラペ、ご飯にはクルミやアーモンドを砕いてふりかけると見た目がぐんとアップします。

#スパイスカレー
#チキンカレー
#カレーなる夏

基本のスパイスカレー

材料（2人分）

玉ねぎ…1個
ショウガ（すりおろし チューブ可）…大1/2
ニンニク（すりおろし チューブ可）…大1/2
ホールトマト…1/2缶
プレーンヨーグルト…大2
塩…小1と1/2
サラダ油…大3
水…1カップ
蜂蜜…小2くらい

クミンシード…小2
カルダモン…3粒（なかったら省略）
クローブ… 3粒（なかったら省略）
ターメリック…小1/2
カイエンペッパー…小1/3
コリアンダーパウダー…小2
ガラムマサラ…小1（仕上げ用スパイス）

作り方

1 飴色玉ねぎを作る（たくさん作って冷凍しとくと便利）
2 鍋にサラダ油、クミンシード、クローブ、カルダモンを入れて香りが出てくるまで中火で炒める
3 弱火にしてショウガ、ニンニクを加えてよく混ぜたら、残りのスパイスとホールトマト、ヨーグルト、塩を加えて1〜2分炒める
4 中火にして水を加えて煮詰める
5 油が分離する濃度になったら蜂蜜を入れて混ぜ、火を止めて最後にガラムマサラ（火を加えると香りが飛ぶため）を加える

アレンジ

チキンや海老を入れる場合はターメリックとヨーグルトに漬け込んだものを軽く焼いて香ばしさを出してから④の時に入れる。カシューナッツペースト（胡桃）を入れるとコクや甘さが出るので、入れる時は③のタイミングで。作り方は、カシューナッツ 30g+水 大3をブレンダーなどでガーッ！と混ぜるだけ。最後にバターを20g入れたら、「スパイスバター海老カレー」の完成！ 山本雅則さんの器に盛り付けました。

ホットサンド

今日のご飯

・ホットサンド（オムレツ、三層チーズ、アボカド、人参ラペ）
・オニオンリング
・アイスラテ

今日の盛り付け

流石にオムレツが分厚すぎたので、人参ラペは後からパンをベロンして挟みました。「アイスラテ」は、イッタラの「フローラタンブラー」（２３０ｍｌ）に。ホットサンドに、オニオンリングを添えてボリューミーでアメリカンな朝食になりました。

盛り付けアレンジ

#朝ごパン
#ホットサンド
#オムレツ

今日のスイーツ

無花果もバナナもカリウムが豊富なので、身体の水分や塩分の排出にもいいらしい…暑い夏にはぜひ。
・バナナと無花果のスムージー

今日の盛り付け

スムージーには、市販の「冷凍みかん」シャーベット（爽）にライスグラノーラのメープル味を乗っけました。ステンレストレイをコースターとして使っています。スプーンはポルトガル生まれのカトラリーブランド「Ｃｕｔｉｐｏｌ」のもの。グラスはぽってりとしてスムージーやデザートグラスとしても使いやすい容量３２５ｍｌ。無花果の美しい断面がグラスから見えるように盛り付けました。

#ライスグラノーラ
#グルテンフリー
#スムージー

今日のお弁当

・おにぎり
・コロッケ
・玉子焼き
・ピーマンと舞茸のたらこ炒め
・切り昆布の炊いたん
・オクラのおひたし
・新生姜の甘酢

今日の盛り付け

丸おにぎり7個で可愛くお花のような形に詰めることができました。大きさにばらつきが出ないよう、1個40g、しっかり量ってラップに包んで丸くしてます。赤・白の小鉢を使うと、見た目の美しさだけではなく料理のアクセントにもなります。

#お弁当
#丸おにぎり
#まきく弁当

今日のご飯

・おにぎり（天かす&三つ葉）
・肉じゃが
・鶏の照り焼き
・切り干し大根のハリハリ漬け
・鮭の塩焼き
・オクラのおひたし
・冷奴
・素麺

今日の盛り付け

松花堂弁当箱に詰めるとそれなりに見えるから不思議……。仕切りがあるので、それぞれのおかずの味や香りがうつることなく、さらに、いろいろな形の器を使えば見た目もキレイに仕上がります。「三色素麺」は、かわいい手付きざるに別盛りにしています。

#おゆはん
#おうちごはん
#松花堂弁当

今日のご飯

・おにぎり（野沢菜、柚子胡椒ゴマ）
・アスパラのおひたし
・ひじきと糸コンの胡麻炒め煮
・ゴーヤと桜エビの甘辛炒め
・塩バターきんぴら
・出汁巻き玉子
・蒸しさつまいも
・具沢山味噌汁
・無花果

今日の盛り付け

秋をちょっぴり感じられる涼しい朝の朝ごはん。小澤基晴さんのブロンズしのぎプレートにワンプレート。「野沢菜のおにぎり」や「アスパラのおひたし」のグリーン、「蒸しさつまいも」の紅色、「出汁巻き玉子」の黄色など、料理を引き立ててくれるプレートです。

#和んプレート
#一汁常備菜
#夏さんまた来年ね

コチジャン肉そぼろ（キンパの具）

…（66ページ参照）

材料

豚ひき肉…200g
醤油…大2
酒…大2
みりん…大2
砂糖…大1
生姜（チューブ）…5cmくらい
水…50ml
コチジャン…小1

作り方

1 ボウルにコチジャン以外の全ての材料を入れてよく混ぜる
2 フライパンに移し、箸やヘラを使って汁気が無くなるまで炒めていく
※今回は作りやすい量ですが、いつもはたくさん作ってこの段階で小分けにして冷凍してます。そぼろごはんやそぼろ肉じゃがに使えます
3 肉そぼろにコチジャンを混ぜる

そら豆ペペロン…

（65ページ参照）

材料

そら豆…10さや分（20～30個）
オリーブオイル…小1～2
にんにく（チューブ）…2cmくらい
鷹の爪…少々
塩…少々

作り方

1 そら豆はさやから出す
2 鍋に適量の水を入れて火にかけ、沸騰したらそら豆を入れ、約1分茹でる。茹で上がったらザルに上げる
3 フライパンにオリーブオイル、にんにく、鷹の爪を入れたら火にかけ、皮を剥いたそら豆を入れ塩を振ってサッと炒める

そら豆ソテー　エジプト塩パラリ

…（67ページ参照）

材料

そら豆…10さや分（20～30個）
オリーブオイル…小1～2
エジプト塩…少々

作り方

1 そら豆はさやから出す
2 鍋に適量の水を入れて火にかけ、沸騰したらそら豆を入れ約1分茹でる
3 フライパンにオリーブオイルを入れ、皮を剥いたそら豆を入れてサッと炒める
4 お皿に盛り付けたらエジプト塩を振る
※エジプト塩とは…料理家たかはしよしこさんの作る万能調味料。数種類のナッツとスパイス、天然塩をブレンドしたものです

鯵の南蛮漬け…(67ページ参照)

材料(2人分)

鯵(3枚おろし)…2尾分
塩…少々
片栗粉…適量
揚げ油…適量
玉ねぎ(薄切り)…1/4個
人参(千切り)…2cm分
ピーマン(千切り)…1個
(南蛮酢)
　酢…大3
　醤油…大1
　砂糖…大2
　白だし…小1
　水…大2
　塩…少々
　鷹の爪…少々

作り方

1 南蛮酢の材料を全部混ぜ、切った野菜と共にバットに入れておく
2 鯵は半身ずつを半分に切って塩を振り5分ほど置いたらキッチンペーパーで水気を拭き取る
3 ビニール袋に鯵を入れ片栗粉を加えて振り全体にまぶす
4 油でカリッと揚げたら用意していた南蛮酢に熱いうちに漬ける
5 裏返しながら両面に南蛮酢を絡めて出来上がり。半日経ってからが食べ頃

ニラ玉…(70ページ参照)

材料

ニラ(3～4cmに切る)…1束
卵…2個
胡麻油…大1/2
創味シャンタン…適量
ブラックペッパー…少々

作り方

1 卵は溶きほぐしておく
2 熱したフライパンに胡麻油を引いたら切ったニラを入れ炒め、創味シャンタンを加える
3 溶きほぐした卵を入れたらブラックペッパーを振り、ざっくり混ぜ半熟状態でお皿に盛る

バター醤油とうもろこしおにぎり…(70ページ参照)

材料

ごはん…1合分くらい
とうもろこし…1本
塩…小2
バター…10g
醤油…少々

作り方

1 鍋にとうもろこしがかぶるくらいの水と塩を入れ、沸騰したらとうもろこしを入れ約2～3分茹でる
2 鍋から取り出し、粗熱が取れたら身を包丁で削ぎ落とす
3 フライパンにバターを引きとうもろこしを入れたら少し焦げ目がつく程度まで炒める。醤油を加えてサッと全体を混ぜたら火を止める
4 これを温かいごはんに混ぜておにぎりにする

いんげん&舞茸ソテー…（71ページ参照）

材料

いんげん…1パック（15本くらい）
舞茸…小1パック（70gくらい）
オリーブオイル…大1
塩コショウ…少々

作り方

1 いんげんは3分ほど茹でてザルに上げておく。舞茸は食べやすい大きさに割く
2 フライパンにオリーブオイルを引きいんげんと舞茸を炒め、塩コショウで味付けする

かぼちゃのカレー塩和え…（71ページ参照）

材料

かぼちゃ…1/6個
オリーブオイル…小1
カレー粉…少々
塩…少々

作り方

1 カレー粉と塩を1：1で合わせておく
2 かぼちゃはタネを取り厚さ5mm、長さ3cmくらいに切る
3 耐熱皿に並べふんわりラップをかけ700Wで1～1分半レンチンする
4 アルミホイルにかぼちゃを並べてオリーブオイルを振りかけ、焦げ目が付くくらいまでオーブントースターで焼く
5 焼きあがったら①のカレー塩をパラパラと振りかける

味玉…（80ページ参照）

材料

卵（冷蔵庫から出したて）…2個
すき焼きのタレ…大2
水…50mlくらい

作り方

1 鍋の水を火にかけ沸騰したら冷たい卵を入れ、8分30秒茹でる
2 すぐに流水に浸けて皮を剥く
3 密閉保存袋かビニール袋にすき焼きのタレと水を入れたらその中にゆで玉子を入れ、袋の空気を抜いて口を閉じる。時々中で転がしながら好みの色になるまで漬ける

2色ズッキーニのナムル…（80ページ参照）

材料

ズッキーニ（黄、緑）…各1本
胡麻油…大1
ダシダ…小1/2くらい
胡麻…小2

作り方

1 ズッキーニは薄切りにする
2 鍋に水を入れて火にかけ沸騰したらズッキーニを入れ、サッと湯がいてザルに上げキッチンペーパーで水分を拭き取る
3 小さめのボウルに入れ、胡麻油、ダシダと指でひねって潰した胡麻を加えて手で和える。手で和えると、箸より味の馴染みがいいです

甘い玉子焼き…（84ページ参照）

材料

卵…1個
水…小1
油…適量
（調味料）
砂糖…小1
マヨネーズ…少々
白だし…ほんの少し

作り方

1 卵をよーく溶きほぐす。この中に調味料と水を加え、更によく混ぜる
2 フライパンを熱して油を引いたら卵液を5～6cm幅で縦に流し入れる
3 これを4回繰り返し、側面も立てて焼く
※ 砂糖が入って焦げやすいので、火加減はごく弱火です
※ ビタクラフトの20cmのフライパンを使っています

かぼちゃとがんもの炊いたん…（79ページ参照）

材料

かぼちゃ…1/6個
がんも…小6個（大きい場合は4つ切り）
水…200ml
（調味料）
白だし…小2
醤油…小1
酒…大1
みりん…大2

作り方

1 がんもは熱湯に5分浸けて油抜きし、ギュッと絞る
2 かぼちゃは食べやすい大きさに切って煮崩れ防止に面取りする
3 小鍋に調味料と水を入れたら最初にかぼちゃを炊く。皮が剥がれやすいので沸騰したら1分そのままで、あとは弱火にして5～6分炊く
4 がんもを加えて煮含める。かぼちゃがやわらかくなればOK

ゴーヤのたらこ炒め…（89ページ参照）

材料

ゴーヤ…1/2本
塩…少々
たらこ（明太子でも可）…大1
胡麻油…小1
醤油…香り付け程度で少し

作り方

1 ゴーヤは半分にしてタネとワタを取り3～5mmの薄切りにして軽く塩揉みする
2 沸騰した鍋に塩揉みしたゴーヤを入れサッと茹でてキッチンペーパーなどで水分を拭き取る
3 フライパンを熱して胡麻油を入れゴーヤを2分程炒める
4 たらこを入れて、たらこの色が白く変わったら醤油を少し加えてサッと混ぜて火を止める
※塩揉みと熱湯で湯がくのは苦味を和らげるためなので、苦味が大丈夫な人はこれは省いて炒めるところから始めてください

ゴーヤとツナのマヨサラダ

…（84ページ参照）

材料

ゴーヤ…1/2本
塩…少々
ツナ…1/2缶（小）
塩コショウ…少々
マヨネーズ…適量

作り方

1 ゴーヤは半分にしてタネとワタを取り3～5mmの薄切りにして軽く塩揉みする
2 沸騰した鍋に塩揉みしたゴーヤを入れサッと茹でてキッチンペーパーなどで水分を拭き取る
3 ゴーヤとツナをボウルに入れ塩コショウ、マヨネーズを加えて和える

白玉

…（97ページ参照）

材料

白玉粉…30g
絹ごし豆腐…45gくらい

作り方

1 ボウルに白玉粉を入れそこに絹ごし豆腐を小さく割り入れる
2 練っていき、耳たぶくらいのやわらかさになればOK（水分が足りなければ、絹ごし豆腐か水で調整してください）
3 鍋に水をたっぷり入れて火にかけ、沸騰したら好みの大きさに丸めた白玉を入れて茹でる
4 浮き上がってからさらに2分ほど茹でたら冷たい水にさらす
※たくさん作る時は白玉粉の1・4倍くらいの分量で絹ごし豆腐を混ぜると丁度いい硬さになります（絹ごし豆腐で作ることで冷やしても硬くなりません）

人参甘酢（キンパの具）

…（64ページ参照）

材料

人参…1/2本
塩…少々
酢…大2
蜂蜜…小2

作り方

1 小さいボウルに酢と蜂蜜を合わせておく
2 人参は皮を剥いたら、ピーラーで薄くスライスする
3 ビニール袋に入れて塩を振り少し揉み、10分程置いたら水分を絞る
4 ①の合わせ酢の中に入れて混ぜる

小松菜のナムル（キンパの具）

…（64ページ参照）

材料

小松菜…2〜3把
ダシダ…小1／2
胡麻油…大1／2
胡麻…小2

作り方

1 小松菜を沸騰したお湯で2分程茹で、冷水で色止めする
2 水気をギュッと絞って3cmくらいに切る
3 ボウルに入れてダシダ、胡麻油と、指で捻って潰した胡麻を加え手で和える

オクラのおひたし

…（68ページ参照）

材料

オクラ…6本くらい
塩…小1
白だし…小1
水…大2
胡麻…少々

作り方

1 オクラは水洗いしてからまな板に並べて塩を振り板ずりする
2 沸騰したお湯で1分半ほど茹で、冷水で色止めする
3 白だしと水を合わせた中に小口切りにしたオクラを入れ30分ほど置く
4 食べる直前に胡麻をふって器に盛る

アスパラソテー（にんにくえび塩）

…（90ページ参照）

材料

アスパラ…1束
オリーブオイル…大1
にんにくえび塩…少々

作り方

1 アスパラは下の硬い部分を取り除いて斜めに切る
2 フライパンにオリーブオイルを入れ火にかけてアスパラを炒める
3 お皿に盛り付けたら、にんにくえび塩をふりかける

※にんにくえび塩とは…『あたらしい日常料理ふじわら』を主宰している藤原さんが作った『おいしいびん詰め』シリーズのひとつです

冷たい人参ポタージュ

…（99ページ参照）

材料

人参（薄切り）…1本
玉ねぎ（薄切り）…1／2個
オリーブオイル…大1〜1・5
コンソメ…1個
牛乳…150〜200ml
ブラックペッパー…少々
塩…少々
パセリ（ドライでも可）…少々

作り方

1 鍋にオリーブオイルを入れ火にかけたら人

参、玉ねぎを加えてしんなりするまで炒める

2 しんなりしたら水を200mlとコンソメを入れて5分程煮る

3 火を止めて粗熱が取れたらブレンダーで滑らかになるまで撹拌する（この段階で密閉保存袋に入れて冷凍もできます）

4 これに牛乳を加えて、味が薄いようなら塩、ブラックペッパーで調整する

5 冷蔵庫で冷やし完成。器に盛り付けたら刻みパセリを散らす

● 茄子の麻辣醤炒め… （96ページ参照）

材料

茄子…中2本
揚げ油…適量
麻辣醤…適量
醤油…少々
糸唐辛子…少々

作り方

1 茄子は1cmくらいの輪切り（大きければ半月切り）にして、水に5分さらしてアクを抜く

2 水分を拭き取って180℃の油で1分程度サッと素揚げする

3 素揚げした茄子を火にかけたフライパンに入れ、麻辣醤を好みの量入れ炒め、最後に醤油を少々加えて混ぜ合わせる

4 お皿に盛り付けたら糸唐辛子をかける

COLUMN

豆皿いろいろ

豆皿って見てるだけでワクワクしませんか？

今日はどの豆皿を使おうか……

私はこの豆皿を選ぶ時が一番楽しい時間です。

私の作る食卓の中でいつも一軍選手として活躍してくれます。


おゆはんの残り……

お弁当の残り……

そんなおかずもこのかわい子ちゃん達は難なく受け入れ、ビックリするくらいステキに変身させてくれます。

1個数百円から2000円程で買えるというのも魅力の一つ。


ついつい衝動買いしちゃう値段ですよね（笑）。

そりゃ増えます（笑）。


次に仲間になるのはどんな子だろう……

秋

Autumn

今日のご飯

・焼き餃子
・きゅうりと白菜のキムチ
・チーズちくわ
・梨
・白メシ＆おにぎり

今日の盛り付け

餃子のタレは酢＋青じそ（チューブOK）。たくまポタリーさんの梅小皿に。チーズちくわは安福由美子さんの稜花皿に盛り付けました。餃子は円形にすき間なく並べ、こんがり焼き色がつくまで焼き、焼き目が表になるよう器に盛り付けます。

Point
竹田製麺所さんの
餃子の皮を
使ってます！

#タルトタタンじゃないよ
#まきくレシピ餃子
#焼き餃子

餃子

材料（35個分）

豚ひき肉…200g
キャベツ…250g（塩ふたつまみ程をビニール袋に入れて揉む。水分はあまり絞らない）
塩…小1/2
酒…大1
醤油…小2
生姜…1かけ
創味シャンタン…小1
胡麻油…小2
片栗粉…小2
サラダ油（焼く用）… たっぷりめ
熱湯…100ml（15個焼きでこの分量）
胡麻油（最後に回し入れて焼く用）…大1
餃子の皮…35枚

焼き方

1 焼き油は鍋底から1～2mmのたっぷりめに入れる
2 中火でフライパンを熱したら餃子を並べてまず30秒くらい焼く
3 フライパンに熱湯を入れる（冷たい水はダメよ！）
4 蓋をして蒸し焼き約5分の間に何度かフライパンを揺すって引っ付かないようにする
5 水分が無くなったら最後に胡麻油を回しかけて強火にして1分程焼く
※多すぎる油は、ここでキッチンペーパーで取る

アレンジ

餃子のっけ弁。金柑とカブのマリネをすき間に。

わっぱ弁に餃子を盛り付けるポイントは、わっぱのカーブに餃子を添わせるわせるようにするとうまくいきます。

器への盛り付け

before

after

今日のご飯

- 鮭おにぎり
- 肉団子のケチャップソース炒め
- 出汁巻き玉子
- きゅうりと紫大根の浅漬け
- かぼちゃサラダ
- ピーナツ豆腐
- 蕪と柿のマリネ
- なめこの味噌汁

今日の盛り付け

盛り付ける際、どの器に何を盛り付けていくか、イメージしていきます。「おにぎり」は、ここでは岩手県鳥越地区の「鳥越竹細工（ザル）」に。器の中に竹細工が加わることでいつもと違う彩りが加わります。実はこのザル、本来はおしぼり受けなのです（笑）。

#無農薬
#無化学肥料
#旬の野菜ばかり

今日のご飯

・おにぎり（花鰹まぶし、厚削り鰹節の佃煮乗っけ）
※出汁を取った後の厚削り鰹節は細かく刻んで刻み昆布、胡麻と一緒に甘辛く佃煮に。
・赤魚の粕漬け焼き
・かぼちゃの炊いたん
・蛇腹きゅうりの浅漬け
・シャインマスカット
・温玉
・具沢山味噌汁（玉ねぎ、人参、さつまいも、しめじ、薄揚げ、刻み昆布）
※厚削り鰹節と昆布で出汁を取り、昆布は細切りにしてそのまま味噌汁に。

今日の盛り付け

温玉と味噌汁は器を丸盆にＯＮ。その他のおにぎりとおかずは、笹を敷いてざるに盛り付け。このざるは6寸でちょっと小ぶりなサイズです。

#まごわやさしい
#ごはんでエールを
#ほっぺた落ちる
セプテンバー

今日のご飯

・おにぎり（しめじごはん、モノトーン胡麻、焼きたらこ）
・秋刀魚の竜田揚げ 甘辛梅ダレ
・きゅうりと白ゴーヤの胡麻酢和え
・ししゃものみりん干し
・切り干し大根の炊いたん
・豆苗入り出汁巻き玉子（3回目の増殖豆苗）
・味噌汁（玉ねぎ、人参、薄揚げ、かぼちゃ）

今日の盛り付け

「秋刀魚の竜田揚げ 甘辛梅ダレ」は松浦コータローさんのお皿に。「きゅうりと白ゴーヤの胡麻酢和え」を藤原純さんの小鉢に。石田裕哉さんの小皿（ルリ釉星形小皿）には「ししゃものみりん干し」を。「豆苗入り出汁巻き玉子」は、佐藤もも子さんのお皿に。切り干し大根の豆皿はお友達の手作りです。そしておにぎりをのせた黒竹のザルは珍しく渋い雰囲気を出してくれます。

#なんか地味
#まさくごはん
#うつわ

今日のご飯

・手毬寿司（いくら、海老、玉子、いか、カニかま、きゅうり、おいなりさん）1個30gです

今日の盛り付け

手毬寿司はラップを使って丸く形作る。いくらは、こぼれ落ちないように寿司飯をきゅうり（ピーラーで縦にスライス）で巻き、いくらを乗せる。玉子は紅葉の型でくり抜き寿司飯にオン。いかの上には山椒の葉を。全体の彩りとバランスを考えて配置していきます。

#ごはんでエールを
#手毬寿司
#まきくごはん

栗ごはん

今日のご飯

・栗ごはん

あの美しく、美味しいお米を扱われてる八代目儀兵衛さんのギフト「萩」で栗ごはん。今回は、STAUB（鋳物ホーロー鍋）炊きしてみました。水の分量が怖かったので、炊飯器に研いだお米と調味液と水を2合に合わせて入れ、それをストウブに移し替え。このやり方オススメです。蓋をして舞茸と栗を乗せて中火でフツフツと沸騰してきたら弱火にして10分、あぁいい香り…最後に1分強めの中火でおこげを作る。火を止めて15分蒸らせば出来上がりです。

今日の盛り付け

栗ごはんは、輪花盆＋村上直子さんのお茶碗に贅沢に盛り付け。STAUB（18cm）は鋳物ホーロー鍋としてだけでなく、気品のある鍋色によってテーブルコーディネートとしても取り入れやすいです。

#栗ごはん
#あぁいい香り
#秋の味覚

今日のご飯

・ねこまんまTKG
・野菜あんかけ玉子
・ゴロゴロきんぴら（ごぼう、蓮根、人参）
・ブロッコリーのおひたし
・豚汁（豚無し）

今日の盛り付け

花鰹盛り盛りのねこまんまTKGは、市野太郎さんのお茶碗でいただきます！「ゴロゴロきんぴら」「ブロッコリーのおひたし」「野菜あんかけ玉子」は見野大介さんのお皿にまとめて盛り付け。15cmくらいの平皿は何品か一緒に盛り付けることで、見た目の変化も楽しめます。

#豚エキス入り
#ただの味噌汁
#始末メシ

今日のスイーツ

「ガトーインビジブル」は、ワンボウルで作れるし、材料も少ないから意外と簡単。りんごのシャキシャキ感は残ってるし、硬めのプリンみたいな感じがめちゃ好き。

・ガトーインビジブル

今日の盛り付け

「ガトーインビジブル」にアップルローズをトッピング。紅玉は酸っぱいけど、皮の色が真っ赤で綺麗だから お菓子作りに加工するには最適。コンポートやジャムにしてもピンクに色付いた果実はほんと綺麗なのでオススメ。お皿は、内田悠さんのリム皿。盛り付け方によって表情がかわる素敵な作品です。

#ガトーインビジブル
#アップルローズ
#生産者の顔が浮かぶ食卓

ガトーインビジブル

材料（2人分）

※15cm角の焼型
りんご…2～3個
ホットケーキミックス…60g
ラカント（砂糖）… 大2～3
卵…2個
バター…50g
牛乳…60ml
バニラオイル…数滴

【MEMO】

ラカントとは…

体内に吸収されない糖質なので、糖質制限をされている方もつかえる甘味料です。甘さは砂糖と同じです。

作り方

1 パウンド型にクッキングペーパーを敷いておく
2 ホットケーキミックス、ラカント、割りほぐした卵をホイッパーで混ぜながら牛乳を少しずつ加えてさらに混ぜ混ぜ、バニラオイルも振り振り、最後に溶かしバターを加えて混ぜて置いておく
3 オーブンを170℃で予熱
4 りんごは皮をむいて4つ切りにしてスライサーでスライスする
5 ②の生地の中にりんごを入れて軽く混ぜる
6 パウンド型にりんごの向きを揃えるようにして敷き詰めていく。残った生地も流し入れ、スライスし切れなかった切れっ端りんごを上に乗せる
7 170℃で約60分焼く（ご家庭のオーブンによるので焼き目を見ながら調整してね）
8 焼きあがったら粗熱を取り冷蔵庫で一晩冷やして出来上がり
9 アップルローズ（164ページ）をトッピング！

アレンジ

冷蔵庫で冷やした後、粉糖やシナモンシュガーを振ってもOK。シーンに合わせて、型を変えたりトッピングを変更するだけで雰囲気ががらりとかわります

Point
パンケーキの脇にフルーツをプラス！

今日のスイーツ

・パンケーキ（トッピングのジャムは紅玉で作製しました。ジャムの甘味にはグラニュー糖の他にマヌカハニーも入れてみました。「マヌカハニー」は熱にも強く抗菌効果がそのままってのも凄い）

今日の盛り付け

パンケーキは6層にしてカスタードクリームを。柳原照弘さんの「TYパレス」皿に盛り付け。シャインマスカットも忘れずに。ポイントは美しい器の余白を強調した盛り付けにしたところです。

#マヌカハニー
#おうちカフェ
#パンケーキ

今日のご飯

・土鍋de栗ごはん（いくらトッピング）
・おでん（の残り物）
・出汁巻き玉子
・小松菜のおひたし
・きゅうりとしらすの酢の物

今日の盛り付け

土鍋は、ぽってりフォルムの長谷園さんの「かまどさん」です。その他は、谷村崇さん、安福由美子さん、藤原純さん、平岡仁さん、石田裕哉さんたちの器で食卓をコーディネートしました！

#土鍋
#2合炊き
#栗ごはん

今日のご飯

・マグロとアボカドの漬け丼
・出汁巻き玉子
・タコのやわらか煮
・おからの炊いたん
・豆腐とあおさのお吸い物
・シャインマスカット

今日の盛り付け

漬け丼以外も、絵付き皿でコーディネート。漬け丼はアボカド、マグロの順に立体的に盛り付ける。マグロの上に卵の黄身を乗っけて完成です。シャインマスカットはすこし高台の器に盛り付けました。丼物はボリューム感のある盛り付けにした方が断然おいしそうに見えます。

#生の本マグロ
#マグロ丼
#新鮮

今日のお弁当

・肉団子の甘酢あんかけ（わが家は豚ひき肉）…
（165ページ参照）
・ゆで玉子
・塩揉み蛇腹きゅうり
・蓮根甘酢

今日の盛り付け

ごはんの上に、大葉を敷き「肉団子の甘酢あんかけ」→「ゆで玉子」を1／3の割合で乗っけていく。残りの1／3に「塩揉み蛇腹きゅうり」「蓮根甘酢」を盛り付け完成です！「ゆで玉子」の上に乗せた鑑賞用の唐辛子の花は彩りとして加えています。おかずは隣同士の色がかぶらないように盛り付けます。

#お弁当
#わっぱ弁当
#まきく弁当

肉団子乗っけ弁

おにぎりごはん

今日のご飯

・おにぎり（焼きたらこ＆鰹節の佃煮、五色の花むすび、海苔、焼きたらこ＆梅）1個90ｇ
・海老焼売（皇蘭の冷凍）
・出汁巻き玉子
・じゃがいものたらこ炒め
・もやしときゅうりの甘酢漬け

今日の盛り付け

小紋柄のテーブルランナーで秋の御膳をコーディネート。「海老焼売」は、そのまま食卓に出せる小さなせいろ（10ｃｍ）に。「おにぎり」は、ShimooDesignさんのトレーに。「出汁巻き玉子」は平岡仁さんの菱形の器をアクセントにしました。

#朝ごはん
#おっちこはん
#まきくごはん

今日のお弁当

・花おにぎり
・海老フライ
・チャプチェ
・ゆで玉子
・じゃがいものたらこ炒め
・塩揉みきゅうり

今日の盛り付け

花型シリコンでかたどったおにぎりにはライスグラノーラ（和風味）をふりかけ的にトッピング。小さめの海老フライは底上げ要員に1尾プラスで合計5尾。「花おにぎり」のあしらいに、南天の葉っぱを添えています。南天や紅葉・木の芽やミントなどはあしらいとして重宝するので、小さい鉢植えで育てています。

#ライスグラノーラ
#グルテンフリー
#弁当は残さず完食

八角盆御膳

今日のご飯

・黒米入りごはん
・白菜と豚ひき肉の重ね蒸し
・ネギ入り出汁巻き玉子
・蓮根甘酢
・春菊の胡麻和え
・塩揉みラディッシュ
・味噌汁（玉ねぎ、人参、大根、さつまいも、京揚げ）

今日の盛り付け

「白菜と豚ひき肉の重ね蒸し」は心和庵さんの器に。「ネギ入り出汁巻き玉子」「蓮根甘酢」は平岡仁さんの線刻長方皿に。「黒米入りごはん」は萌窯さんの九谷焼飯碗に。九谷焼の器は食卓をより華やかにしてくれます。

白菜と豚ひき肉の重ね蒸し

材料（3～4人分）

白菜…4枚
豚ひき肉…250g
干し椎茸…2枚
人参…みじん切りをお好みで
白菜の軸の部分…切り落とした所を
細かく切ったものをあるだけ
卵…1個

（調味料）
塩…小1/2
酒…大1
醤油…大1/2
オイスターソース…小1
粉末和風ダシ…小1
生姜…1かけみじん切り（チューブ可）
片栗粉…大1

作り方

1 ひき肉に全ての調味料と卵、干し椎茸、人参、白菜の軸の部分を入れて練り（粘りが出るまで練らなくてもいい）3等分にしておく
2 白菜1枚に分量外の片栗粉を薄く振る。その上に3等分にした肉だね1つを均等に伸ばし広げる
3 肉だねの上に片栗粉をまた振り、次の白菜の向きを変えて乗せる。この作業をあと2回繰り返す
4 重ね終わったら半分に切ってラップで巻く
5 耐熱皿に乗せてレンジで700Wで約6分（切り口の肉だねの状態と白菜の硬さで調整してください）
6 重ね蒸しを切り分けて皿に盛り、上からあんをかけて出来上がり

【MEMO】あんは、白だしに水を加えて好みの濃さにして、そこに醤油とみりんをすこーしだけ入れて火にかけ、水溶き片栗粉でとろみをつける。

#とりあえず野菜食
#まきくレシピ
#白菜と豚ひき肉の重ね蒸し

今日のスイーツ

・五色串団子（ずんだあん、かぼちゃあん、紫いもあん、くるみあん、小豆）

地味なはずの団子が思いのほか映えました。白玉は、白玉粉に絹ごし豆腐を加え練って作ったもの。

今日の盛り付け

白玉は竹串に3つ。あんは白あんをベースにアレンジしています。「ずんだあん」は、冷凍枝豆と砂糖をブレンダーでブーン！「かぼちゃあん」は、白あんにかぼちゃパウダーを混ぜ、ピスタチオをパラリ。「紫いもあん」は、白あんに紫いもパウダーを混ぜ、極細芋けんぴをトッピング。「くるみあん」は白あんに粗ずりのくるみを混ぜたもの、「小豆」は、缶詰の粒あんを乗せただけですが5色あんの彩りは美しいです。

#しばらく団子はもういい
#おうちカフェ
#手作りスイーツ

今日のお弁当

・ごはん（焼きたらこ、梅＆厚削り鰹節と昆布の佃煮）
・自家製鰆の西京焼き
・玉子焼き
・茄子の肉そぼろ味噌炒め
・切り干し大根の炊いたん
・ブロッコリーのおひたし
・おやつ（毬助）

今日の盛り付け

正方形のお重弁当箱は仕切り方によって色々な詰め方が楽しめます。「2LDK弁当」につづき、「シェアハウス弁当」と名付けました。

#栗あん
#お弁当
#お重弁当箱

今日のご飯

・カンパーニュ
・キッシュ（ベーコン、ブロッコリー、かぼちゃ）
・ポテサラ&葉っぱ
・濃厚ズワイ蟹のクリームスープ（カルディ）

今日の盛り付け

素敵な色味の吉田次朗さんのプレートに盛り付け。スープは、小林耶摩人さんの花の器に。キッシュはベーコン、ブロッコリー、かぼちゃの美しい層が見えるように断面をカットして盛り付けました。

● キッシュ

材料（2人分）

キッシュのタルト台はクックパッドID2473625を参照しました。
冷凍パイシートでも簡単にできますので試してください。
ここではフィリングのみご紹介します

ベーコン（1cm幅に切る）…1枚
かぼちゃ（3mm厚さくらい）…適量
ブロッコリー（小房に分ける）… 適量
玉ねぎ（薄切り）…1/6個
バター…少々
牛乳…75ml
卵（M玉）… 1個
粉チーズ…大1
塩コショウ…少々

作り方

1 型にタルト台、もしくは冷凍パイシートを敷いて15分ほど空焼きしておく
2 かぼちゃはラップをして30秒程レンチンする。ブロッコリーは軽くゆでる。ゆで上がったらキッチンペーパーに上げて水気を取る
3 ボウルに牛乳、卵、粉チーズ、塩コショウを入れて混ぜておく
4 フライパンにバターを入れ玉ねぎ、ベーコンを炒め、粗熱が取れたら③の中に入れて混ぜておく。ブロッコリーも入れる
5 オーブンを200℃に予熱する
6 タルト台に④のフィリングを1cmほど入れたらかぼちゃを敷き詰める。その上から残りのフィリングを流し入れオーブンで20～25分焼く
※フィリングにはキノコ類や海老などの海鮮を入れても合います

#ワンプレート
#まきくごはん
#キッシュ

太っちょ海老フライ

今日のお弁当

・おにぎり
・太っちょ海老フライ（パン粉に粉チーズとパセリ）
・出汁巻き玉子
・いんげん胡麻和え

今日の盛り付け

わっぱ弁当箱のカーブに添うようにおにぎりを入れたら、メインの「太っちょ海老フライ」を。そのすき間に、「出汁巻き玉子」「いんげん胡麻和え」の順に大きいおかずから詰めていきます。

※「太っちょ海老フライ」とは？　海老をはんぺんでかさ増しして太らせたアイデア料理。

● 太っちょ海老フライ

材料（2人分）

小さめの海老…4尾
はんぺん…2枚
塩…適量
天ぷら粉…大3
水…50～60ml
パン粉…適量
粉チーズ…適量
パセリ…適量
揚げ油…適量

作り方

1 まず海老4尾の下処理をする（尻尾を残して殻を剥き、楊枝で背ワタを取る）
2 腹の方に数カ所切り込みを入れ、かるく塩をふる
3 はんぺんは袋のままよく潰す
4 海老に潰したはんぺんを包むように肉付けし、天ぷら粉を水で溶いたバッター液、粉チーズとパセリを混ぜたパン粉の順につける
5 170℃の揚げ油でこんがり揚げる

アレンジ

こちらはおからパン粉を使っています。おからパン粉は糖質制限されている方にはピッタリです。見た目も普通のパン粉とそっくりです！

#太っちょ海老フライ
#わっぱ弁当
#まきく弁当

今日のスイーツ

・スイートポテト…（164ページ参照）

今日の盛り付け

さつまいもの皮を器代わりに。シンプルなおやつには、Shimoo Designさんのカッコイイ器がよく似合います。

#地味やけど美味い
#簡単やけど美味い
#やっぱり紅はるかサイコー

今日のご飯

・あんバタートースト
・コーヒー

今日の盛り付け

トーストしたパンに、あんとバターをトッピング。Shimoo Designさんのお皿に。コーヒーはHARIO製のビーカー500mlに落とし、藤原純さんのマグカップで美味しくいただきました。こんなに簡単なハンドドリップでコーヒーを楽しむのもオススメです。

#朝ごパン
#あんバタートースト
#甘じょっぱい

今日のお弁当

・海老炒飯
・コロッケ（揚げただけ）
・ゆでブロッコリー（明太マヨ別添え）
・イカと野菜のマリネ
・極細芋けんぴ
・おやつ（栗ん棒）

今日の盛り付け

海老炒飯は丸型を使って盛り付け。「イカと野菜のマリネ」は、小鉢に。小鉢はお弁当箱の中で動かないように、「炒飯」と「極細芋けんぴ」でしっかり固定しています。「ゆでブロッコリー」の「明太マヨネーズ」は別容器に入れ、「おやつ」とともに包みました。

#お弁当
#わっぱ弁当
#チャーハン

極細芋けんぴ

材料

さつまいも（薄切りして千切り）…お好みの量
揚げ油…適量
大学芋のタレ（市販品）…適量
黒胡麻…適量

作り方

1 さつまいもは水にさらしてアクを抜いたらキッチンペーパーで水分を拭き取る
2 180℃の揚げ油でカリッとするまで揚げる。揚がったらキッチンペーパーに上げて油分を取る
3 ボウルに揚げたさつまいもを入れ大学芋のタレを絡めて黒胡麻を振る
※さつまいもは180℃以上の高温で揚げてください。低温だとさつまいもが縮れてカリッとしません

アレンジ

さつまいもの「紅はるか」で山盛り極細芋けんぴ。高塚和則さんの一人膳にすべてON。秋らしい赤い実の絵がかわいいMaduさんのお皿に盛り付けました。お茶は萌窯さんの「赤絵蕎麦猪口」に。

#芋活第三弾
#山盛り極細芋けんぴ
#盛り過ぎやろ

今日のご飯

・天むす（わが家の天むすはタレ無し）
・肉団子の甘酢あんかけ（冷凍貯金）
・ジャーマンポテト
・きくらげの玉子炒め
・蓮根甘酢
・塩揉みきゅうり

今日の盛り付け

ワンプレートの盛り付けは、まず主食（おにぎりｏｒパン）から。主食を乗せたら、味や色のバランスを考えながら奥（お皿の上の部分）が高くなるように盛り付けていきます。

#朝ごはん
#おうちごはん
#和んプレート

今日のご飯

・おにぎり（肉そぼろ&さつまいも、混ぜ込み若菜、焼きたらこ）
・野菜と柿のマリネ…（165ページ参照）
・出汁巻き玉子
・きんぴらごぼう
・スモークチキンときゅうりの胡麻マヨ和え
・りんご

今日の盛り付け

8寸の飯台に盛り付け。すこし高さがあるので、「野菜と柿のマリネ」「スモークチキンときゅうりの胡麻マヨ和え」は小鉢に。「きんぴらごぼう」も高く盛り付け、「出汁巻き玉子」は縦に重ねて楊枝で固定。りんごは皮を市松模様に切りました。華やかさを意識した桶膳にしてみました。

#おにぎり
#まきくごはん
#和んプレート

渋皮栗のほうじ茶パウンドケーキ

今日のスイーツ

・渋皮栗のほうじ茶パウンドケーキ
・コーヒー

今日の盛り付け

ちらっとしか見えていませんが、ドリップケトル（写真右上）、カッコいいでしょ？ 元ブルーボトルコーヒーのトップバリスタ監修で設計されたものらしい。しかも、温度が50~100℃まで1℃ずつ設定できるのでうれしいかぎり。これで美味しいコーヒーをいただきます。「パウンドケーキ」は断面が見えるように盛り付けましょう。

食材アレンジ

#アサカシ
#おうちカフェ
#パウンドケーキ

渋皮栗のほうじ茶パウンドケーキ

材料（1本分）

※1本（21×9×6cm）

薄力粉…100g
アーモンドプードル…15g
ベーキングパウダー…小1
ほうじ茶パウダー…5g
バター…100g
素焚糖（お好みの砂糖でも可）…90g
卵…M玉全卵2個
渋皮栗 …5個

作り方

1 バターと卵は常温に戻しておく。バターが硬い時は20秒くらいレンチンしても
2 材料の上4つの粉類はボウルに入れてホイッパーでぐるぐるかき混ぜておく（ふるう代わり）
3 焼型にクッキングシートを敷く
4 やわらかくなったバターに砂糖を入れてシャカシャカ白っぽくなるくらいホイッパーで混ぜる
5 この中に溶きほぐした卵を少しずつ（6回くらい）分けて入れ、その度よく混ぜ込む
6 オーブンを170℃に予熱する
7 ⑤が混ざったら粉を一気に入れゴムベラで底からすくい、切るように混ぜる
8 生地を焼型に1cmくらい入れたところで渋皮栗を並べて、その上から残りの生地を流し入れ、トントンと型を落として空気を抜く
9 オーブンで約45分焼く。12分くらいの時（表面が軽く固まってきたら）真ん中に切れ目を入れる
10 焼きあがって粗熱が取れたら型から外してラップでピチッとくるんで乾燥を防ぐ。これがしっとりする秘訣（1日おいてからが食べごろ）

※焼き時間はご自宅のオーブンによるので調整してください

アレンジ

スフレケーキにマロンクリームと渋皮栗をトッピング！　スフレケーキの作り方は164ページを参照。スフレケーキの入った鍋は、15cm蓋付きの深型ココット。コッタ（cotta）さんのもの。直火はもちろん、オーブンやグリルトースターにも使えて便利です。

おにぎり弁当風朝ごはん

今日のご飯

・おにぎり（梅、鮭）
・出汁巻き玉子
・粗びきウインナー
・紫花豆
・きゅうりと紫大根の浅漬け…（166ページ参照）

今日の盛り付け

竹皮をお皿にした、おにぎり弁当風朝ごはん。竹皮には抗菌性があるので、食品が長持ちします。そして、保水性もあるので、ごはんがしっとりします。竹皮は乾燥した状態で販売されているので、使う前に水に浸けてやわらかくしておきます。30分ほど浸けると扱いやすいやわらかさになります。

#お米は新米
#竹皮
#和んプレート

今日のご飯

・ベーコンエッグ丼
・ひろうすと蕪の炊いたん
・えび豆
・鰹の角煮
・紫大根と蕪菜の昆布茶漬け…（166ページ参照）
・わかめと豆腐のお吸い物
・キウイ

今日の盛り付け

ベーコンエッグ丼に燻製醤油を2～3滴……スポイト式の燻製醤油は食卓にそのままのせてもお洒落です。「紫大根と蕪菜の昆布茶漬け」の紫と緑、「ベーコンエッグ丼」の黄色で食卓が華やかになりました。

#朝ごはん
#おうちごはん
#和食

今日のご飯

たこ焼き器で焼き焼売。
・焼き焼売
・焼きそば

今日の盛り付け

写真のホットプレートは二面同時に使える優れもの！

今回は焼きそばと焼き焼売を作りました。焼売はカリッカリです。たこ焼き器の使い方の別バージョンとしてオススメです。焼き焼売にはむき海老の他、コーンやグリンピースをランダムにトッピングすると彩りもきれいになります。

#両面ホットプレート
#焼売
#焼きそば

焼き焼売

材料（20個分）

豚ミンチ…250g
焼売の皮…20枚
玉ねぎ… 中1/2個
片栗粉…大3
（調味料）
塩…ふたつまみ
醤油…小2
砂糖…小1.5
酒…大1.5
オイスターソース…小2
生姜…小1
胡麻油…小2

作り方

1 粗みじんにした玉ねぎに片栗粉をまんべんなくまぶしておく
2 この中に豚ミンチと調味料全てを入れて粘りが出るまで捏ねる
3 たこ焼き器に油を引き、焼売の皮に肉ダネを適量乗せ、たこ焼き器の穴に入れる
4 お好みでゆでたむき海老やコーン、グリーンピースを乗せる
5 250℃に設定して霧吹きで水を適量吹きかけ、蓋があれば蓋をして蒸し焼きにする。
これは蓋が無いからアルミホイルをかぶせました

アレンジ

焼き焼売のタネで蒸し焼売（191ページ）もできます。

#ノーマルに蒸し
#タネは夜活
#焼売

昭和のオムライス

今日のご飯

・オムライス
・クリームシチュー
・サラダ（葉っぱ、かぼちゃサラダ、蕪と柿のマリネ）
・ぷりんバーム

今日の盛り付け

クリームシチューはわが家では汁物扱いなのです。よってクリームシチューの時は9割フィーチャリングは昭和のオムライスです。ちなみにおでん、天ぷら、刺身もサブです。メインのオムライスとデザートのぷりんバームは、城進さんの鉄絵皿に。サブのシチューは、清岡幸道さんの器に。サラダは林拓児さんの器に盛り付けました。洋食を和食器に……ちょっとハズした盛り付けが楽しいです。

#昭和のオムライス
#天ぷらのサブは悲しい
#私の労力を返せ

きんぴらごぼう

Point
「きんぴらごぼう」はパンとの相性もバッチリなのです！

材料

ごぼう（ささがき）…1本
人参（厚めの千切り）…２ｃｍ分くらい
胡麻油…大1/2
鷹の爪（輪切り）…少々
すき焼きのタレ…大1
水…大1
白胡麻…適量

作り方

1 ささがきにしたごぼうは水にさらしてアクを取る
2 フライパンに胡麻油と鷹の爪を入れたら中火でごぼうと人参を炒める
3 油が全体に回ったらすき焼きのタレと水を加える。蓋をして弱火で3分蒸し焼きにする
4 蓋を外したら、さらに混ぜて水分を飛ばす
5 火を止めたら白胡麻を散らす

さつまいもの蒸しパン

今日のスイーツ

「蒸しパンミックス」を使って、さつまいもの蒸しパン作りました！　蒸しパンって表面がパカっと割れてるのとドーム形のがありますよね。これはちょっと割れがあまいのですが、パカっとしたやつです。パカっとしたのが作りたい時は強火で湯気がモウモウとしてるところに素早くぶっ込みます（※火傷注意）。ドーム形のを作りたい時は蓋を開けて蒸気を逃してからぶっ込んでみてください。ようするに温度の違いで出来上がりが変わるのです。

・さつまいもの蒸しパン

今日の盛り付け

「さつまいもの蒸しパン」はせいろのままテーブルへ。寒い季節のお茶請けにぴったりな昭和のおやつです。萌窯さんの赤絵の器がおやつ時間を彩ります。

#蒸しパンミックス
#昭和のお菓子
#おうちカフェ

今日のお弁当

・イクラのざくろおにぎり
・ホタテの生姜煮
・ゆで玉子
・ヤリイカとブロッコリーのペペロン
・きんぴらごぼう
・柿なます

今日の盛り付け

このお弁当箱はそそぎ工房さんでオーダーして作っていただいたものです。80gのざくろおにぎりがきれいに4個入ります。おかずは縦のラインで詰めていきます。「イクラのざくろおにぎり」は見た目もきれいで美味しいので、ぜひ、作ってみてください。

#お弁当
#わっぱ弁当
#ざくろおにぎり

旬の野菜食

今日のご飯

・鮭おにぎり
・出汁巻き玉子の舞茸あんかけ
・焼き獅子唐と京揚げ、京水菜の煮びたし
・丸オクラの練り胡麻醤油和え
・蛇腹きゅうりとラディッシュの浅漬け
・豆腐とわかめとスープセロリのお吸い物

今日の盛り付け

旬の野菜は色が濃く食卓が華やかになります。食材の色に合わせて器をあれこれ考えることも楽しみのひとつです。今回はサンキライを箸置きにしてみました。

#葉物の緑の濃さ
#とりあえず野菜食
#無農薬野菜

今日のご飯

・おにぎり（焼きたらこ＆梅、混ぜ込み若菜、おかか、鮭）
・出汁巻き玉子
・ほうれん草の胡麻和え
・焼きエリンギのナムル
・ハロウィンかまぼこ
・粗びきウインナー
・味噌汁（玉ねぎ、大根、人参、さつまいも、薄揚げ）
・キウイ

今日の盛り付け

加賀雅之さん（Semi Aco）のフラットな形の長方形のプレートにおにぎりを。おかずは、吉永哲子さんの器にレイアウト。せきやさんの「ハロウィンかまぼこ」で、わが家もハロウィン気分を味わいました。

#蒲鉾
#かまぼこ
#ハロウィン

焼豚乗っけ弁当

今日のお弁当

・焼豚（部位はモモ）
・ニラ玉
・人参ラペ
・ごぼうのナムル
・塩揉みきゅうり

今日の盛り付け

圧力鍋は私にとって魔法の鍋。今回は焼豚を作りました。その他、「ニラ玉」「人参ラペ」「ごぼうのナムル」「塩揉みきゅうり」を作り、隣のおかずの色とかぶらないようにバランス良く丸わっぱに盛り付けました。「焼豚」には、糸唐辛子を。糸唐辛子は常備しておくと便利です。

#お弁当
#わっぱ弁当
#チャーシュー

俵形おにぎり弁当

今日のお弁当
・おにぎり（蕪菜、ミックス胡麻）
・柚子胡椒唐揚げ
・野菜豆
・玉子焼き
・揚げ小海老芋の柚子味噌和え
・素揚げ間引き人参

Point
俵形のおにぎりの上に素揚げした間引き人参をトッピングしました。

#お弁当
#俵おにぎり
#まきく弁当

鶏チャーシュー弁当

今日のお弁当
・鶏チャーシュー
・出汁巻き玉子
・アスパラおひたし
・ひじきの炊いたん
・たらこ人参
・大根菜と紫大根の昆布茶漬け

Point
ビタントニオのヨーグルトメーカーを使って低温調理の鶏チャーシュー作りました。鶏むね肉約300gをぐるぐる縛って密閉保存袋に酒、醤油、みりん、蜂蜜、生姜と一緒にを入れてできるだけ空気を抜く。それをヨーグルトメーカーに入れてお湯で全体が浸かるまでいっぱいにして64℃、4時間にセットするだけで簡単にできます。

#お弁当
#低温調理
#鶏チャーシュー

和んプレート御膳

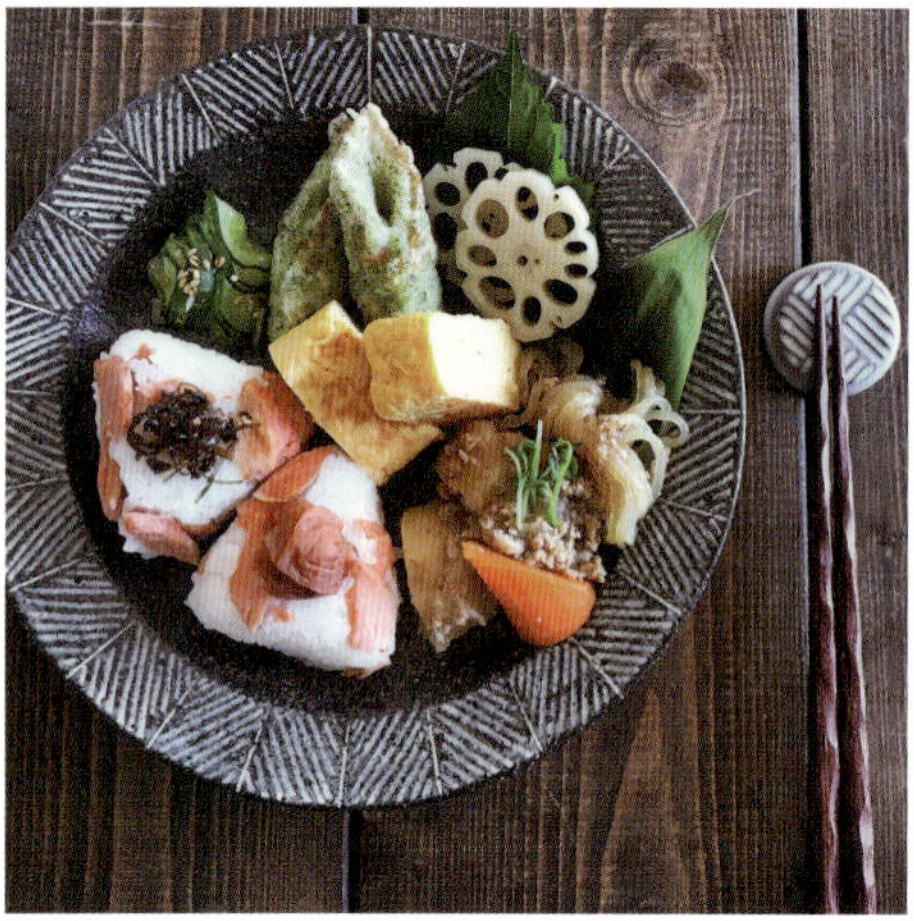

#始末めし
#おうちごはん
#和んプレート

今日のご飯
・鮭おにぎり（梅、昆布の佃煮）
・そぼろ肉じゃが
・出汁巻き玉子
・蓮根甘酢
・竹輪の磯辺揚げ
・塩揉みきゅうり

Point
お料理は、池田大介さんのヘリンボーン（白）にON。リムのヘリンボーンを見せたいので、料理はそれより内側に収めるようにします。

桶弁当

#お弁当
#わっぱ弁当
#桶弁

今日のお弁当
・ほぐし紅鮭乗っけごはん
・出汁巻き玉子
・肉団子の照り焼き串
・海老とブロッコリーのペペロン
・蓮根甘酢
・小松菜と人参のおひたし
・人参ラペ

Point
容量は二段で900mlくらい。直径は約13cmで、ごはんを入れる方が少し小さめ（本日のごはんは0.75合）。おかずの方の内側だけ薄ーく塗装されてるので油などが染み込みにくいです。谷川木工芸さんのものです。

大学芋

今日のスイーツ
・大学芋

Point
大学芋のレシピとして、そのまま素揚げと片栗粉を薄くはたいて揚げたのと2種類作ってみました。
タレを絡めると素揚げはしっとり、片栗粉の方はカリッとした食感を楽しめます。

#おうちカフェ
#和スイーツ
#大学芋

鯵の南蛮漬け

今日のご飯
・おにぎり（大根菜の昆布茶漬け）
・鯵の南蛮漬け
・いんげんの胡麻和え
・豚ひき肉と大根のトロトロ煮
・出汁巻き玉子
・焼き舞茸の美味しい唐辛子和え
・柿

Point
形のそれぞれ異なる器を、八角盆に盛り付け。旬の野菜や果物を1品でも加えることで季節感を演出できます。

#朝ごはん
#おうちごはん
#和んプレート

● パンケーキ

今日のスイーツ

・パンケーキ

Point

昨夜から水切りしておいたヨーグルトに、久世福商店さんの「朝摘みブルーベリーコンポート」をトッピング。まず大粒で甘ったるくなくてプチっとした粒感がグッド。ポークソテーなんかのソースに使ってもおシャンで美味しい予感がします。パンケーキは、城進さんの鉄絵6寸皿に。パンケーキのおともものコーヒーは、写真が切れていますが黒マットが素敵な藤原純さんのマグカップです。

#朝ごはん
#おうちカフェ
#パンケーキ

● 常備菜御膳

今日のご飯

・黒米おにぎり
・麻婆豆腐
・栗かまぼこ
・蓮根ときゅうりの甘酢漬け
・白菜とゴボ天の炊いたん
・具だくさん味噌汁（玉ねぎ、大根、人参、揚げ、舞茸、さつまいも）
・ぶどう

Point

高さや形・色の異なる器を用いることで食卓が鮮やかになります。

#秋のかまぼこ
#蒲鉾
#関屋蒲鉾

3種のぶどうのタルト

今日のスイーツ
・3種のぶどうのタルト

Point
千田稚子さんの「ドルチェスタンド」に盛り付けました。ぶどうは長野産の「シャインマスカット」「ナガノパープル」「クイーンニーナ」の3種類。タルト台は市販のものを使用。中はアーモンドクリームを焼いてカスタードにぶどうをオン！　ぶどうの3色をバランスよく配置します。

#ほっぺた落ちるセプテンバー
#おうちカフェ
#手作りスイーツ

ミニマルなサンドイッチ弁当

今日のお弁当
・サンドイッチ

Point
玉子サンドはルマン風（29ページ）、もうひとつはツナに塩揉み千切りきゅうりとみじん切りの紫玉ねぎ。具材のツナも玉子も低糖質。実はマヨネーズも低糖質なのですよ！

#お弁当
#わっぱ弁当
#サンドイッチ

● アップルローズ…（124ページ参照）

材料

紅玉（色が綺麗だからね）…1個
ラカント（お好みの砂糖でも可）…大1

作り方

1 紅玉はよく洗って水分を拭き取る
2 皮付きのまま4つ切りにして種だけ取って薄切りにする（スライサーじゃない方がいい）
3 耐熱容器に薄切りにしたりんごを入れラカントをふりかけ、レンチン。
※しんなりするまで（わが家は700Wで1分）
4 レンチンするとりんごから水分が出てくるので優しく混ぜて砂糖液に浸して冷ます
5 冷めたら小さいものを芯にしてつなぎ目を隠すように次々と巻いていく

● スフレケーキ…（147ページ参照）

材料（15×6cm）

ホットケーキミックス…120g
卵…M玉全卵2個
素焚糖（お好みの砂糖でも可）…大1〜2
太白胡麻油（好みのオイルでも可）…大2
牛乳…100ml
バニラエッセンス…少々

作り方

1 卵は卵黄と卵白に分けておく
2 大きめのボウルに卵黄と砂糖を入れ混ぜる。ここに太白胡麻油を少しずつ入れ混ぜていく。さらに牛乳も少しずつ加えバニラエッセンスもここで数滴入れてよく混ぜ、最後にホットケーキミックスを加えよく混ぜておく
3 卵白をツノが立つまで混ぜ硬めのメレンゲを作る
4 オーブンを180℃に予熱する
5 メレンゲの1/3を②の中に入れ馴染ませるように混ぜる
6 残りのメレンゲを全部入れたらゴムベラをボウルの底からグルっとすくうように混ぜる。決して混ぜすぎてメレンゲを潰さないようにする。少々メレンゲが残っていても大丈夫！
7 スキレットの内側にオイルを薄く塗る
8 スキレットに生地を流し入れ25〜30分焼く。途中焦げそうだったら上にアルミホイルをかぶせる。竹串を刺してみてドロッとした生地が付いてなかったらOK（スフレタイプなので、最初は膨らんでますが、時間が経つと高さは縮みます）

● スイートポテト…（140ページ参照）

材料

さつまいも…大1本
バター…15gほど
練乳…大1
卵黄…1個分

作り方

1 さつまいもは焼き芋にしてから半分に切り、皮を破かないように少し厚みを残しながら中身を取り出す
2 オーブンを190℃に予熱する
3 ①で取り出したさつまいもにバターと練乳を混ぜる（裏ごしの必要無し）
4 これを、容器にした皮に乗せて卵黄を刷毛で塗り約20分焦げ目が付くまで焼く
※今回はねっとり系の紅はるかを使ったのですが、鳴門金時などのホクホク系だともう少しバターの量や練乳を増やした方が生地がなめ

らかになるし、甘く美味しいと思います

●肉団子の甘酢あんかけ…（129ページ参照）

材料

豚ひき肉…200gくらい
玉ねぎ（みじん切り）…1/4個
卵…M玉全卵1/2個
（調味料）
塩コショウ…少々
ナツメグ…少々
マヨネーズ…小1
片栗粉…大1・5
揚げ油…適量
（甘酢あん）
酢…大1
蜂蜜…大2
醤油…大2
ケチャップ…大1/2
片栗粉…小2
水…80ml
胡麻油…少々

作り方

1 玉ねぎはラップをかけ約1分レンチンしてしんなりさせ粗熱を取る
2 ボウルに豚ひき肉、玉ねぎ、卵、調味料を入れて、軽く混ぜる程度で練らない。好きな大きさで丸くして160℃くらいの低温の油で揚げる
3 甘酢あんの材料を全て混ぜておく
4 フライパンを中火にかけ、甘酢あんの調味料を入れてとろみがついてきたら肉団子を加えて絡める

※肉団子は硬くなるので練りすぎないようにしてください。揚げたものは冷凍しておけばパスタやクリームシチューなどに使えるので、多めに作っておくのもいいですよ

●野菜と柿のマリネ…（145ページ参照）

材料

柿（薄切り）種無しがいいです…1個
玉ねぎ（薄切り）…1/4個
人参（千切り）…2cm分くらい
ピーマン（千切り）…1個
（マリネ液）
酢…大2
グレープシードオイル…大1
レモン汁…小1/2
蜂蜜…大1
塩…ひとつまみ
ブラックペッパー…少々

作り方

1 ボウルにマリネ液の材料を混ぜ合わせておく
2 この中に、それぞれ切った野菜と柿を入れて混ぜ完成。冷蔵庫で冷やし、半日後くらいから食べ頃になります

●紫大根と蕪菜の昆布茶漬け

…149ページ参照

材料

紫大根（いちょう切り）…お好みの量

蕪菜（細かいざく切り）…1個

昆布茶…小1/2

作り方

1 ビニール袋に紫大根、蕪菜を一緒に入れ、昆布茶を加えたら軽く揉んで1時間ほどおく

2 食べる時に軽く水分を絞ってから盛り付ける

●きゅうりと紫大根の浅漬け

…148ページ参照

材料

きゅうり（薄切り）…1/2本

紫大根（いちょう切り）…好みの量

白だし…小1

作り方

1 切ったきゅうりと紫大根をビニール袋に入れて白だしを加え、軽く揉んで1時間ほどおく

2 食べる時に軽く水分を絞ってから盛り付ける

冬

Winter

今日のご飯

・牡蠣めし（いくらでちょっとおめかし）
・海老焼売（市販品）
・出汁巻き玉子
・牡蠣のオイル漬け
・小松菜と薄揚げの炊いたん
・スナップエンドウ&トマト
・味噌汁（玉ねぎ、大根、人参、豆腐）

今日の盛り付け

「牡蠣めし」は、市野太郎さんのお茶碗に盛り付け。「牡蠣のオイル漬け」「海老焼売」「出汁巻き玉子」は平岡仁さんの器に。安福由美子さんの器に「小松菜と薄揚げの炊いたん」を。稲村真耶さんの器に野菜を。トレーは木のモノ雑貨店さんに作っていただきました。

土鍋牡蠣めし

材料（2人分）

米…2合
あごだし（兵四郎のあごだしパック1袋使用）と牡蠣を蒸し焼きにした時の茹で汁を濾して足したもの…400ml
醤油…小1
牡蠣…150～200g
三つ葉…適量

作り方

1 米は洗ってざるに上げておく
2 牡蠣をフライパンに入れ蓋をして2～3分蒸し焼きにする
3 土鍋に米とあごだし、牡蠣の茹で汁、醤油を入れよく混ぜ強火で10～12分加熱したら火を止める
4 蒸らしの時間に入ったら、フライパンで蒸し焼きにしていた牡蠣を乗せて20分蒸らす
※熱いので火傷に注意
5 出来上がったらザク切りにした三つ葉を散らす

#牡蠣めし
#土鍋ごはん
#いい塩梅のおこげ

牡蠣の和風カルボナーラ

今日のご飯

牡蠣は白ワインで蒸し焼きにしてたっぷり使いました。
・牡蠣の和風カルボナーラ

今日の盛り付け

牡蠣のカルボナーラは木の美しさが際立つ内田悠さんのリム皿に。フォークはシルバー×ウッドのコンビネーションが美しいクチポールのゴア ブラウン。器や料理によってカラーや柄を使い分けるのも素敵です。

#謎の布
#パスタ
#カルボナーラ

基本のカルボナーラ

材料（1人分）

マ・マー 早ゆで3分スパゲティ…1束（結束タイプで便利）
ブロックベーコン…30g
しめじ…20g
菜の花…20g
卵…全卵1個＋卵黄1個分
パルメザンチーズ…大2
醤油…小1
生クリーム…50ml
ブラックペッパー…好きなだけ

作り方

1 ボウルに卵、パルメザンチーズ、生クリーム、醤油を入れて混ぜておく
2 フライパンで、ベーコンを炒めて①のボウルに脂ごと入れて混ぜておく
3 パスタを茹でる。この時、小さいざるにしめじと菜の花を入れてパスタと一緒に茹でる
4 しめじと菜の花は1分で上げて水分を切ったら同じく①のボウルの中へ
5 茹で上がったパスタも①に入れてよーく混ぜ合わせたら完成
6 お皿に盛り付けてブラックペッパーをお好きなだけ
※ポイントは、野菜をパスタと一緒に茹でること（時短）。ソースに火を通さないのでボソボソになる失敗が無い！

盛り付けアレンジ

プレートは盛り付ける料理によって表情が変化します。右ページと同じ内田悠さんのリム皿にパウンドケーキを。作り方は「基本のパウンドケーキ」193ページを参照ください。

今日のご飯

・あんバタークロワッサン
・牡蠣とほうれん草のグラタン
・葉っぱ
・コーヒー

今日の盛り付け

醤油味に飽きて、コッテコテのバタ臭いモノが食べたくなった時は、「あんバタークロワッサン」と「グラタン」＋生野菜を。吉田次朗さんの黒の器でコーディネート。グラタンには、橋本忍さんの「耐熱鉄黒ココット」を使用しています。

牡蠣とほうれん草のグラタン

材料（2人分）

牡蠣のオイル漬け（212ページにレシピあり）… 6～8粒
玉ねぎ（薄切り）…1/4個
ほうれん草（3cmくらいのザク切り）…2株分
バター…10g
レトルトホワイトソース…1缶
シュレッドチーズ…適量
パン粉…少々
パセリ…少々

作り方

1 熱したフライパンにバターを入れ玉ねぎを炒め、しんなりしてきたらほうれん草も加え炒める
2 この中にホワイトソースを入れてよく混ぜ合わせる。牡蠣も加えたら火を止める
3 耐熱の器に入れ、シュレッドチーズ、パン粉をかけたらオーブントースターで焦げ目が付くまで焼く
4 刻んだパセリを散らす

盛り付けアレンジ

ブラウニーにビスケットを乗せて焼きました。

#朝ごパン
#ここは欲望のままに
#カロリーって何

桜ごはん

今日のご飯

・桜ごはん
・天ぷら（海老、こごみ、さつまいも）
・がんもの炊いたん 菜の花添え
・黒米入りもち米焼売
・菜の花のお吸い物

今日の盛り付け

この季節、一足先にわが家は桜満開。料理に合わせて春らしい華やかになる器でコーディネート。「海老の天ぷら」は、「葛衣」（葛そうめんをカットして、五色の色を付けた揚げ物の衣）で揚げました。お祝い御膳のあしらいには最適です。

盛り付けアレンジ

#土鍋ごはん
#桜満開
#内祝い

今日のスイーツ

・いちごパフェ
下から順に
・バームクーヘン
・ヨーグルト
・いちご（紅ほっぺ）
・アイス
・いちご（あきひめ）

今日の盛り付け

こちら、永木卓さんのワイングラスに盛り付け。ステムが短いため安定していて可愛いです。クチポール（ゴア ホワイト）のロングスプーンでいただきます。

#おうちカフェ
#手作りスイーツ
#いちごパフェ

Point
「紅ほっぺ」と「あきひめ」の2種類のいちごを使いました！

いちごパフェ

あんバターどら焼き

今日のスイーツ

・あんバターどら焼き（レシピはクックパッドID5265072を参照ください）
・ほうじ茶

今日の盛り付け

「あんバターどらやき」を見野大介さんの「波紋角皿」に盛り付け、ほうじ茶とともに高塚和則さんの丸盆に。ほうじ茶は、松浦コータローさんの蕎麦猪口に。どら焼きの皮は特別なことをしなくても、綺麗な茶色になりました。

盛り付けアレンジ

#和スイーツ
#あんバター
#どら焼き

今日のご飯

・七草粥（干し海老の戻し汁を使用）
・韓国風玉子焼き（人参、三つ葉、ダシダと胡麻油で味付け）
・蓮根きんぴら
・干し海老の麻辣醤炒め（ニンニクと麻辣醤、蜂蜜少しで炒めたご飯の友）
・ほぐし焼鮭
・ほうれん草のナムル
・梅干し

今日の盛り付け

七草粥にあっさり系のおかずをプラス。おかずはかわいい豆皿にのせて、七草粥とともにいただきます。美味しすぎて胃が休まりません……

#おうちごはん
#七草粥
#とりあえず野菜食

花かつお&ほぐし紅鮭めし

今日のご飯

・花かつお&ほぐし紅鮭めし
・ししゃもの南蛮漬け
・かぼちゃサラダ
・きゅうりの浅漬け
・出汁巻き玉子
・味噌汁（玉ねぎ、人参、大根、薄揚げ）

今日の盛り付け

小林耶摩人さんの飯碗にたっぷりの花かつおとほぐし紅鮭をのせて、いただきました。八角盆＋煤竹ランチョンマット＋紋様の木製コースターにしただけで、食卓がワンランクアップ！「煤竹」は夏のイメージですが、意外と年中使えて便利です。

#おうちカフェ
#まきくごはん
#もぐもぐウインター

ししゃもの南蛮漬け

材料（1人分）

ししゃも…1パック（8～10尾）
玉ねぎ（薄切り）…1/4個
人参（千切り）…2cm分
ピーマン（千切り）…1個
（南蛮酢の材料）
酢…大3
醤油…大1/2
蜂蜜…大1
塩… ひとつまみ
白だし…小1/2
水…大2
赤唐辛子（輪切り）…少々

作り方

1 バットに調味料全てを入れて混ぜ、南蛮酢を作っておく
2 ししゃもはオーブントースターで両面焼く
3 焼いたししゃもを南蛮酢に漬けたら上から野菜を乗せる。スプーンで南蛮酢を上からかけ、野菜にも馴染ませる
4 2～3時間後から食べ頃です

アレンジ

つくり置きとしても◎。バットから密封容器に入れてかえ約4日冷蔵保存できます。レモンを利かせたさっぱり南蛮漬けもオススメです！

今日のスイーツ

地味ですが、たまには変わったぜんざいを……雑穀のあわをくちなしの実で色づけした水で蒸し上げてから、レンチンしてやわらかくした切り餅と混ぜ合わせ、こしあんをかけ、アクセントに栗をのせました。

・あわぜんざい
・塩昆布

今日の盛り付け

小林耶摩人さんの飯碗に「あわぜんざい」を盛り付け輪花盆にON。平岡仁さんの薬味入れにはお茶請りの「塩昆布」を。黒の器に盛り付けたことで、黄色に色づけたぜんざいがより引き立ちました。今回は「あわ」をくちなしの実で色づけしましたが、栗きんとんのさつまいももくちなしの実で色づけるとメリハリのあるきれいな黄色に仕上がります。

#和スイーツ
#ぜんざい
#アサカシ

今日のご飯

・黒米おにぎり
・ミンチカツ（揚げただけ）
・カニカマ入り出汁巻き玉子
・弘岡かぶと金柑のマリネ…（211ページ参照）
・ビタミン菜とエリンギの中華炒め…（211ページ参照）
・春菊の胡麻和え
・味噌汁（大根、人参、えのき、かぼちゃ）

今日の盛り付け

いろんな形の器を揃えておくと、食卓に変化が生まれ、何を盛り付けるか考えるのも楽しくなります。とくに輪花皿は、上品さとかわいらしさがUPし、食卓が華やかになります。

#とりあえず野菜食
#一汁多菜
#豆皿並べ

Point

ご飯を炊くのに最適な超軟水（16mg）を使いました！

今日のご飯

・いくら丼
・出汁巻き玉子
・菜の花の辛子和え
・味噌汁（大根、玉ねぎ、人参、さつまいも）

今日の盛り付け

古川桜さんのかわいらしい赤絵といくらでベストショット。上手く炊けた土鍋ごはんもチラ見せです（笑）。長谷園さんの「かまどさん（二合炊き）」で美味しく白飯が炊き上がりました！

#朝ごはん
#魚沼産こしひかり
#お米

今日のご飯

・土鍋ビビンパ（コチジャン肉そぼろ、もやしナムル、ほうれん草ナムル、わらびナムル、人参甘酢、塩揉み赤大根）
・野菜たっぷり中華スープ
・金柑と赤カブのマリネ

今日の盛り付け

全体は見えていませんが、鎬（しのぎ）が施された美しいシモヤユミコさんのボウルSSサイズを準備。同じ作家もので揃えると色や模様が違っても素敵にコーディネートできます。スプーンは真鍮でできていて、ビビンパを食べるのに丁度いいのです。土鍋の彩りも考えながら具材をのせていきます。

#土鍋ごはん
#とりあえず野菜食
#土鍋ビビンパ

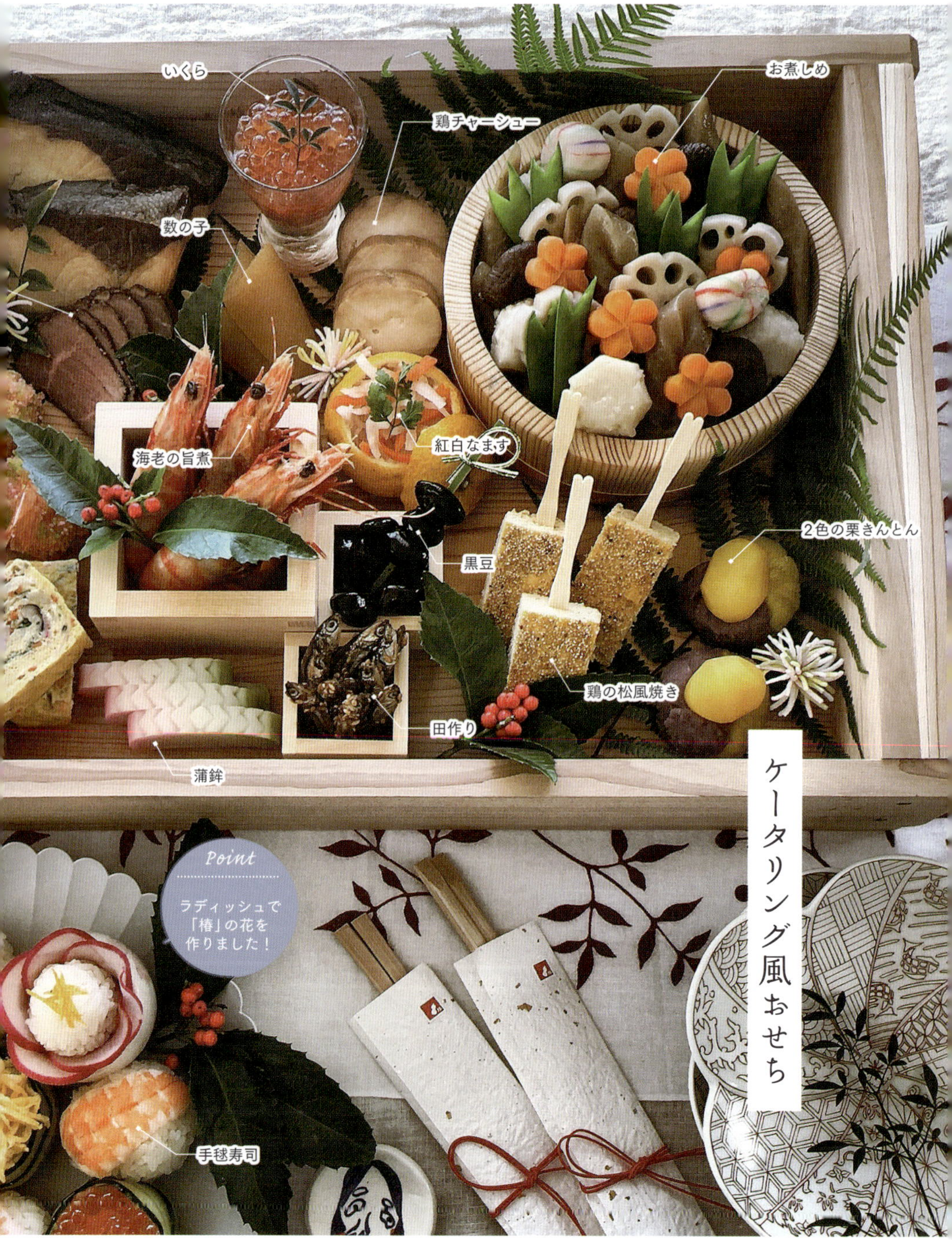

ケータリング風おせち
いくら
鶏チャーシュー
お煮しめ
数の子
海老の旨煮
紅白なます
2色の栗きんとん
黒豆
鶏の松風焼き
田作り
蒲鉾
Point
ラディッシュで「椿」の花を作りました！
手毬寿司

今日のご飯

・鰤の塩焼き
・ローストビーフ
・いくら
・数の子
・鶏チャーシュー
・紅白なます
・海老はんぺんのみじん粉揚げ…（211ページ参照）
・五目出汁巻き
・蒲鉾
・海老の旨煮
・黒豆
・田作り
・鶏の松風焼き
・2色の栗きんとん
・お煮しめ
・手毬寿司

今日の盛り付け

大きなお弁当風おせちをイメージして作りました。名付けて「ケータリング風おせち」。煮物や小さなものは、桶や大きさの異なる升に盛り付けました。お正月らしく海老はんぺんは「みじん粉」を、出汁巻きは「五目」に、お煮しめのお野菜は「飾り切り」にするなど、ひと手間加えました。また、時間と手間をかけて作られた「華もみ和紙」の箸袋に、「竹素材」でできたお箸をしつらえました。

#ありがとうの食卓
#おせち料理
#日本の正月

手桶ちらし寿司

今日のご飯

・ちらし寿司
・茶碗蒸し（わが家の茶碗蒸しの配合は、卵1個とあご出汁を足して300ml（2人分）。3人分だと卵2個とあご出汁を足して500ml）
・春菊の白和え…（59ページ参照）

今日の盛り付け

手桶は、谷川木工芸さんに作っていただきました。手が付くだけで、また雰囲気が変わって料理も映えます。そして、最初はちらし寿司！　錦糸玉子が上手く作れない私は、玉子そぼろといくらを可愛くトッピング。「茶碗蒸し」は、萌窯さんの「赤絵そば猪口」に。料理はまとめて、ＳｈｉｍｏｏＤｅｓｉｇｎさんの丸盆に準備しました。

#いくらマジック
#おうちごはん
#ちらし寿司

今日のご飯

・黒豆雑穀入り玄米ごはん（冷凍貯金）
・焼き紅鮭
・スナップエンドウの胡麻和え
・ラーパーツァイ（中華風白菜の甘酢）
・京芋の柚子味噌煮
・おからの炊いたん
・味噌汁（豆腐、玉ねぎ、大根、人参）

今日の盛り付け

お料理はすべて、名古路英介さんの「端ばめ折敷」の上に。林拓児さんの飯碗に「黒豆雑穀入り玄米ごはん」。「焼き紅鮭」と「スナップエンドウの胡麻和え」は佐藤もも子さんの絵皿に。石田裕哉さんの豆皿に「ラーパーツァイ」。平岡仁さんの豆皿に「京芋の柚子味噌煮」を。小林耶摩人さんの輪花小鉢に「おからの炊いたん」を盛り付けました。

#なんだか健康的
#一汁多菜
#たけのこ芋

今日のご飯

・おにぎり（海苔＆青唐辛子味噌）
・出汁巻き玉子
・ささみの柚子胡椒焼き
・ほうれん草の胡麻和え
・赤カブの浅漬け
・味噌汁（カブ、人参、薄揚げ）

今日の盛り付け

竹ざるにワンプレート。おにぎりには「海苔」「青唐辛子味噌」をトッピング。おにぎりの中に入れるのではなく、上にのせるのがポイント！ 緑・黄色・赤がアクセントになるよう「ほうれん草の胡麻和え」、「出汁巻き玉子」、「赤カブの浅漬け」をバランス良く添えました。いつも思うことですが、おにぎりとざるは本当に相性がいいです。

#朝ごはん
#おうちごはん
#和んプレート

今日のご飯

・釜揚げうどん
・天ぷら（タラの芽、竹輪、さつまいも、舞茸、いんげん）

今日の盛り付け

「釜揚げうどん」は、谷川木工芸さんの片手桶に。作ってあったかえしを久世福商店さんの「毎日だし」で割ってめんつゆにしました。出汁が利いています。「天ぷら」は野田琺瑯さんのバットに入れてそのまま食卓へ。薬味には高島大樹さんの粉引の輪花皿を使用しました。

#毎日だし
#うどん
#天ぷら

夜活！蒸し焼売

今日のご飯

- おにぎり（海苔、五色の花むすび）
- 蒸し焼売（タネは夜活で作ったもの）
- ヤリイカと大根の炊いたん
- 菊芋の甘酢漬け…（212ページ参照）
- かぼちゃの炊いたん
- ほうれん草の胡麻和え

今日の盛り付け

蒸し焼売を作ると、台所はせいろの杉と焼売の湯気が入り混じりとてもよい香りになります。

「ヤリイカと大根の炊いたん」は、松浦コータローさんの「輪花菱形向付」に。「かぼちゃの炊いたん」は、平岡仁さんの「焼き〆線刻豆皿」に。「菊芋の甘酢漬け」は、林京子さんのかわいらしい器に。「蒸し焼売」のつけ皿は松尾直樹さんの「輪花角鉢」を使用しました。

#ノーマルに蒸し
#焼売
#おにぎり

蒸し焼売

材料（10個分）

豚ひき肉…150g
玉ねぎ（粗みじん切り）…中1/2個
干し椎茸（水で戻してみじん切り）… 1～2枚
片栗粉…大2
焼売の皮…10枚
グリーンピース（冷凍）…10粒
（調味料）
醤油…小1.5
塩…ふたつまみ
砂糖…小1
酒…小2
しょうが（チューブ）…3cmくらい
オイスターソース…小1
胡麻油…小1

作り方

1 ボウルに玉ねぎと片栗粉を入れまんべんなくまぶす
2 ①に豚ひき肉と干し椎茸、調味料を入れ捏ねる
3 肉ダネを10等分したら皮で包み、上にグリーンピースを埋め込む
4 せいろにクッキングシートを敷いたら焼売を並べ、鍋にお湯を沸かして湯気の上がる状態になったらせいろを乗せて8～10分蒸す

アレンジ

焼売弁当で使うのは、冷凍貯金の焼売です。ちなみに、焼売は成形してから冷凍したもの。冷凍のまませいろに入れて蒸せば出来上がりです！

黒豆パウンドケーキ

今日のスイーツ

・黒豆パウンドケーキ

今日の盛り付け

内田悠さんのリム皿に。パウンドケーキは「全体」「断面」の両方がわかるように盛り付けましょう。断面は見るだけで楽しくなります。

#アサカシ
#おうちカフェ
#手作りおやつ

基本のパウンドケーキ

材料（1本分）

※1本（21×9×6cm）

薄力粉…100g
アーモンドプードル…20g
ベーキングパウダー…小1
バター…100g
素焚糖（お好みの砂糖でも可）…90g
卵（M玉）…2個

作り方

1 バターと卵は常温に戻しておく。バターが硬い時は20秒くらいレンチンしても
2 材料の上3つの粉類はボウルに入れてホイッパーでぐるぐる混ぜておく（ふるう代わり）
3 焼型にクッキングシートを敷く
4 やわらかくなったバターに砂糖を入れてシャカシャカ白っぽくなるくらいホイッパーで混ぜる
5 この中に溶きほぐした卵を少しずつ（6回くらい）分けて入れ、その度よく混ぜ込む
6 オーブンを170℃に予熱する
7 ⑤が混ざったら粉を一気に入れゴムベラで底からすくい、切るように混ぜる
8 生地を焼型に流し入れ、トントンと型を落として空気を抜く
9 オーブンで約45分焼く。12分くらいの時（表面が軽く固まってきたら）真ん中に切れ目を入れる
10 焼きあがって粗熱が取れたら型から外してラップでピチッとくるんで乾燥を防ぐ。これがしっとりする秘訣

※1日おいてからが食べごろ
※焼き時間はご自宅のオーブンによるので調整してください
※具材（黒豆・好きなだけ）は粉を入れる時に一緒に入れる（生地が硬めなので黒豆は沈まないと思います）

アレンジ

ほうじ茶パウンドケーキは、「ほうじ茶パウダー 5g」を用意し、②の粉類をボウルに入れて混ぜる時に一緒に入れる。その他は同じ。

具沢山ミネストローネ

今日のご飯

・バタートースト
・目玉焼き
・牡蠣のオイル漬け…（212ページ参照）
・ハムと野菜たち
・具沢山ミネストローネ

今日の盛り付け

城進さんのお皿にワンプレート。フォークは、木の表情も楽しめる南裕基さんのものを使用。「具沢山ミネストローネ」は、宇田康介さんのお鍋で仕込み、下本一歩さんの竹でできたお玉で盛り付け、conogu・湯浅ロベルト淳さんのスープボウルでいただきました。〝あったまるねぇ〟。寒い季節にぜひお試しください。

#パンは小さい
#わが家は2人家族のはず
#大量ミネストローネ

具沢山ミネストローネ

材料（2人分）

野菜…玉ねぎ・人参・じゃがいも・さつまいも・ごぼう・ブロッコリーの芯・蓮根、大根など
ベーコン…2～3枚
にんにく（チューブ）…2cmくらい
オリーブオイル…大1
トマト（ダイスカット）…1/2缶
水…800mlくらい
コンソメ…2個
ケチャップ… 大1
蜂蜜…大1/2
ローリエ …2枚
塩コショウ …少々
パルメザンチーズ…お好みで
パセリ…お好みで

作り方

1 野菜は全て1cm角くらいに切る。ベーコンは1cm幅に切る
2 鍋にオリーブオイルとにんにくを入れ、香りが立ってきたら野菜とベーコンを加え5分程度炒める
3 トマト缶、水、コンソメ、ケチャップ、蜂蜜、ローリエを入れたらアクを取りながら野菜がやわらかくなるまで30分程煮込む
4 味をみて必要なら塩コショウで調整する
5 器に盛り付けたらお好みでパルメザンチーズと刻んだパセリを散らす

【MEMO】 野菜は冷蔵庫にあるものでOK。キャベツのような葉物や豆類を入れても美味しいです。

「具沢山ミネストローネ」を仕込んだお鍋とお玉の全貌をご覧に入れます。

チーズタルト

今日のスイーツ

今回はパートシュクレ（タルト台）も作ってみました。フィリングはすこし固めたかったので、197ページの材料に薄力粉を大さじ1足したレシピです。大さじ2でもよかったのかもですが……

・チーズタルト

今日の盛り付け

チーズタルトは、吉田次朗さんの黒のプレートに。このチーズタルトは白い器を使うより、お互いが映えると思います。盛り付けも飾らずシンプルにしました。

#おうちカフェ
#手作りおやつ
#チーズタルト

基本のチーズケーキ

材料（直径15cm）

クリームチーズ…250g
生クリーム…200ml
卵…2個
ラカント（お好みの砂糖でも可）…60g
レモン汁…大1/2

作り方

1 クリームチーズは室温で戻すか、1分くらいレンチンしてやわらかくする
2 生クリーム以外の材料をフードプロセッサーやブレンダーでガーッと滑らかになるまでよく攪拌する
3 滑らかになった中に生クリームを入れて更に攪拌
4 クッキングシートを敷いた型に流し入れて、170℃に予熱したオーブンで40〜50分(オーブンにより調整ください)焼く
5 粗熱が取れたら型のまま一晩冷蔵庫で冷やして出来上がり

アレンジ

千田稚子さんのドルチェスタンドに盛り付けたのは、夜活して作った12センチの小さな無花果タルト。タルト台は市販のもの。中身はチーズケーキとカスタードクリームに無花果をたくさんON。

#おうちカフェ
#手作りスイーツ
#低糖質おやつ

今日のご飯

・パンケーキ（冷凍貯金）＆目玉焼き
・クラムチャウダー（カルディ）
・ハムサラダ
・人参と紫大根のラペ
・かぼちゃサラダ
・牡蠣のオイル漬け

今日の盛り付け

小澤基晴さんの「ブロンズしのぎ8寸皿」にワンプレート。クラムチャウダーは、はしもとさちえさんのそばちょこに。目玉焼きは、焼く前に水のような白身を取り除いておくとプックリした目玉焼きになります。

#朝ごはん
#おうちカフェ
#パンケーキ

今日のご飯

わが家は塩茹でした豆を後混ぜ派。昆布と少々のお酒、豆の茹で汁にさやをひとつかみ入れて炊きます。

・豆ごはん
・鰺の塩焼き
・かぼちゃの炊いたん（菜の花添え）
・ポテサラ
・いんげんの胡麻和え
・赤かぶの昆布茶和え
・味噌汁（厚揚げ、大根、人参）

今日の盛り付け

関西の豆ごはんに使う豆は「うすい豆」と言って「グリーンピース」とは別物なのです！「うすい豆」は、皮が薄く青臭さが少なく繊細な甘みがあり、ほくほくとした食感が特徴。下の写真で、混ぜる前の豆ごはんの全貌をお目にかけます（笑）。

#おうちごはん
#土鍋ごはん
#豆ごはん

六種おにぎり御膳

今日のご飯

・おにぎり（花ちりめん、梅＆海苔、しらすおかか胡麻、焼きたらこ＆大葉、野沢菜、味ごまひじき）
・焼きネギマリネ
・出汁巻き玉子
・かぼちゃサラダ
・アスパラのおひたし
・焼きししゃも
・おからの炊いたん

今日の盛り付け

いろいろなおにぎりを作って、頑張った感を出してみました！　野沢菜おにぎりは葉の部分を広げて巻き、茎部分は刻んでごはんに混ぜます。「焼きネギマリネ」は簡単に作れる上に、作りおきとしても便利です。「出汁巻き玉子」には、「しらす」をトッピングしました。

#とりあえず野菜食
#和食
#常備菜

今日のご飯

・ミンチカツ乗っけオムハヤシ
・黒豆
・サラダ
・わかめスープ

今日の盛り付け

小澤基晴さんのプレートにオムハヤシ＋ミンチカツ乗っけ＋サラダ、更におめでたく黒豆もつけました。黒豆はおせちの残りです(笑)。わかめスープは、市野太郎さんのカップに。そして、私のこだわりでオムライスの薄焼き玉子には片栗粉は使っていません！食感重視で、入れない方が絶対においしいです。

#おうちカフェ
#オムライス
#オムハヤシ

炊き込みおにぎり

今日のご飯

・きのこ入り炊き込みおにぎり（紫もち麦入り）
・アスパラベーコン
・金時豆の甘煮
・出汁巻き玉子
・かぼちゃの炊いたん
・切り昆布の炊いたん
・あさりの味噌汁

今日の盛り付け

絵皿と豆皿を丸盆にのせたワンプレート。色と模様のあるお皿を組み合わせることで、華やかな食卓になりました。

#とりあえず野菜食
#和食
#常備菜

今日のご飯

・おにぎり（桜えび&なめ茸、海苔、五色の花むすび、海苔&梅、梅ちりめん、大葉&昆布）
・粗びきウインナー
・菜の花と舞茸のペペロン
・ポテサラ
・ししゃものみりん干し
・出汁巻き玉子

今日の盛り付け

おにぎりは小沢賢一さんのカッティングボードに。6つのおにぎりがきれいに収まりました。このおにぎりは1合を6等分にして作っています。カッティングボードのカーブに添わせ、常備菜を豆皿に盛り付け食卓をコーディネートしています。

#おうちごはん
#おにぎり
#私の美味しい時間

マドレーヌ

今日のスイーツ

ビタントニオの「ワッフルホットサンドメーカー」のマドレーヌ型でマドレーヌを作りました。これ、小さな一口サイズ。30個ほどできましたが、無くなるのは時間の問題です。

・マドレーヌ

今日の盛り付け

焼きたての「マドレーヌ」はケーキクーラーに。シンプルで黒でちょっとカッコいいイギリスのCINQ（サンク）のもの。25×23cmなので場所も取らずにしまえます！　あつあつのまま食卓に載せても。そして、粗熱が取れたら瓶へ。蓋付きの瓶は、お菓子のラッピングにぴったりのアイテムです。中身が見える瓶にくるっとリボンを巻いても素敵です。

#クリスマス感
#マドレーヌ型
#美味しいアンテナ

マドレーヌ

材料（32個分）

卵（小さめ）…2個
ホットケーキミックス…180g
アーモンドプードル…20g
蜂蜜…大2
溶かしバター…90g

作り方

1 卵は常温に戻しておく
2 溶かしバターと材料を全てボウルに入れてグルグル混ぜる
3 ビタントニオのマドレーヌ型にオリーブオイルを塗り、②を流し込む
4 蓋を閉じ、3～4分焼く。一口サイズのミニマドレーヌが8個完成。
5 ③④を4回繰り返す
※ 焼き色はお好みで

#おうちカフェ
#和スイーツ
#たい焼き

アレンジ

ワッフルホットサンドメーカーのオプションプレートを使って「たい焼き」を！

生地はホットケーキミックス180gに片栗粉 大1、卵1個に牛乳200～250ml、蜂蜜を少し入れて作ったもの。粒あんは市販品。芋あんは焼き芋にした紅はるかをマッシュして練乳を混ぜたもの。

今日のお弁当

・肉そぼろ
・赤ウインナー
・きゅうり&原木椎茸の炊いたん
・ナルト
・いくら
・玉子焼き
・きゅうりの浅漬け
・ホタルイカの生姜煮
・海老の出汁びたし

今日の盛り付け

本日は2LDKではなく9分割のモザイク弁当です。下のごはんは白メシでも酢飯でもなく、炊き込みごはんです。食材の色味違いをモザイク状に配置していくことで、華やかなお弁当になります。

#2LDKではなく
#9分割
#モザイク寿司

和んプレート

今日のご飯
・おにぎり（梅、胡桃ちりめん）
・出汁巻き玉子
・焼鮭
・いんげんの胡麻和え
・ロマネスコの甘酢漬け（母の家庭菜園より）
・切り干し大根の炊いたん
・かぼちゃの炊いたん

Point
和・洋・中どんな料理にも合う使いやすさが魅力の九谷青窯さんの色絵花繋ぎ8寸平皿に盛り付けました。

#朝ごはん
#おいしいから冬が好き
#豊かな食卓

天むすプレート

今日のご飯
・天むす
・出汁巻き玉子
・春菊の胡麻和え
・舞茸の天ぷら
・筍のおかか和え
・ピリ辛こんにゃく
・蛇腹きゅうりと紫大根の甘酢

Point
わが家の天むすは、甘ダレにくぐらせないで、海老を醤油と酒で強めに下味付けてから衣を付けて揚げたものを中に入れています。

#天むす
#とりあえず野菜食
#和んプレート

ミルクと抹茶の和風シマシマゼリー

今日のスイーツ
・ミルクと抹茶の和風シマシマゼリー

Point
砂糖不使用、ラカント使い。あんこも小豆を炊いてラカント仕上げ。白玉は豆腐入りなので、冷やしても硬くならずモッチモチです。左のグラスは沖澤康平さんのワイングラス。シマシマ模様が引き立ちます！

#シマシマ
#おうちカフェ
#手作りスイーツ

日の丸オムライス

今日のお弁当
・オムライス
・焼き舞茸の美味しい唐辛子和え
・ピリ辛こんにゃく
・スナップエンドウの胡麻和え

Point
薄焼き玉子を作るくらいならおかず2品考えた方が私には楽かもしれません。薄焼き玉子は片栗粉を入れて焼くと破れにくくアレンジしやすいのですが、わが家はおいしさ重視で片栗粉は入れません。

#破れる一歩手前
#わっぱ弁当
#オムライス

みたらし団子

材料（15個分）

だんご粉（白玉粉でも可）…100g
絹ごし豆腐…120～150g

（みたらしあん）
水…60ml
ラカント（お好みの砂糖でも可）…20g
醤油…13g
片栗粉…5g

作り方

1 ボウルにだんご粉と絹ごし豆腐を入れて耳たぶくらいの硬さに練る（豆腐は水切りなしで、2/3くらい先に入れて後は様子を見ながら足していく）。15個くらいに丸める
2 沸騰したお湯に丸めた団子を入れ、浮いてきたら更に2分ほど茹でて冷水に浸す。冷めたらキッチンペーパーに上げて水気を取る
3 3個ずつ串に刺す
4 バーナーで表面を炙って焦げ目をつける
5 小鍋にみたらしあんの材料を全部入れてよく混ぜる
6 火にかけたら絶えずグルグルかき混ぜる（ダマになるのを防ぐため）
7 タレが透明になったら弱火にして更に1分くらいかき混ぜながらツヤを出す

#おうちカフェ
#和スイーツ
#みたらし団子

● ワンプレート

#朝ごパン
#茶色いパン
#ドイツパン

今日のご飯
・ドイツパン（フォルコンブロート）
・目玉焼き
・ミートボール（冷凍貯金）
・葉っぱ
・野菜とベーコンのクリームスープ
・マモン・エ・フィーユのクッキー（コーヒー味）

Point
「野菜とベーコンのクリームスープ」は、小澤基晴さんのスープカップでいただきました。白のプレートに白のスープ……ブロンズを引き締め色に使っています。

● オーバル皿のワンプレート

#いつかの頑張った私にありがとう
#近所で一番美味しいパン屋さん
#おうちカフェ

今日のご飯
・クロワッサン
・オムレツ
・葉っぱ&ツナ入り人参ラペ
・濃厚海老のクリームスープ
・いちご
・コーヒー

Point
よしざわ窯さんのドットオーバル皿にワンプレート。スープ、コーヒーはともにはしもとさちえさんの器に。スプーン、フォークともに、木工家・南裕基さんのもの。
長いとか大きい食材の場合、オーバル皿はバランスよく盛り付けられます。

弘岡かぶと金柑のマリネ

…（181ページ参照）

材料

かぶ（皮を剥いて薄切り）…2個
金柑（4枚くらいに輪切り、タネを取る）…2〜3個
塩…少々

（マリネ液）
酢…大3
グレープシードオイル…大2
蜂蜜…大1
ハーブソルト…少々
ブラックペッパー…少々

作り方

1 ビニール袋に薄切りにしたかぶを入れ塩を振ったら軽く揉んで10分ほど置く
2 ボウルにマリネ液の材料を入れ、よく混ぜ合わせておく
3 マリネ液に水分を絞ったかぶと金柑を入れよく混ぜる。半日程で食べごろに

ビタミン菜とエリンギの中華炒め

…（181ページ参照）

材料

ビタミン菜（3cmくらいのザク切り）…2束
エリンギ（3cm長さにして手で割く）…2本
人参（千切り）…適量
胡麻油…大1
酒…小1
創味シャンタン…小1/2くらい

作り方

1 フライパンに胡麻油を引いて強火にしたら人参、エリンギ、ビタミン菜の下の硬い部分を入れ炒め、さらにビタミン菜の葉っぱの部分も入れて炒める
2 酒を振り入れたら創味シャンタンを加えさらに炒める。シャキシャキ感が残ってる程度で火を止める

※ビタミン菜は小松菜とよく似ていますが、小松菜よりもエグミが少なく炒めても色が鮮やかです。無い場合は小松菜で代用可能です

海老はんぺんのみじん粉揚げ

…（184〜185ページ参照）

材料（約4人分）

ブラックタイガー…4尾
はんぺん…1枚
塩コショウ…少々
天ぷら粉…大1
水…適量
みじん粉（ピンク、緑、黄）…各適量
揚げ油…適量

作り方

1 みじん粉3色を適当に混ぜ合わせておく
2 海老は尻尾のひと節の殻を残してあとは細かく刻む
3 はんぺんは袋のまま指で細かく潰してボウルにあけ塩コショウをしたら、刻んだ海老とよく混ぜて丸く成形する
4 この海老団子を水で溶いた天ぷら粉にくぐらせたら、みじん粉をまぶす

5 これに、残しておいた海老の尻尾を刺し180℃の油で2分ほど揚げる

菊芋の甘酢漬け…（190ページ参照）

材料

菊芋…3個くらい
酢…大2
蜂蜜…大1
塩…少々

作り方

1 酢、蜂蜜、塩を混ぜ合わせて甘酢を作っておく

2 菊芋はよく洗い泥を落とす。泥が落としきれないところは包丁で少し皮を取り、スライスする

3 スライスした菊芋を甘酢に漬ける。半日〜一晩置いたくらいが食べごろです。冷蔵庫で3〜4日は日持ちします

※菊芋に含まれるイヌリンという成分は血糖値の上昇を緩やかにする働きを持っています

牡蠣のオイル漬け…（194ページ参照）

材料

牡蠣…300gくらい
片栗粉…大2
オリーブオイル…少々
にんにく（チューブ）…3cmくらい
鷹の爪…少々
白ワイン（日本酒でも可）…50ml
オイスターソース…大1〜2
グレープシードオイル（お好みのオイルでも可）…牡蠣が隠れるくらい
ローリエ…1〜2枚
ピンクペッパー（無ければ省く）…10粒ほど

作り方

1 ボウルに牡蠣と片栗粉を入れ優しく揉み洗い。何回か水を替えて水が濁らなくなる程まで洗ったら、ざるに上げ水気を切っておく

2 フライパンにオリーブオイル、にんにく、鷹の爪を入れたら中火で香りが出るくらいまで炒める

3 この中に牡蠣を入れ、牡蠣の表面がプクッとしてきたら、白ワインとオイスターソースを加え、時々揺すりながら汁気が無くなるまで火を通す（フライパンは煮汁でかなりカピカピになります）

4 保存容器に牡蠣とローリエ、ピンクペッパーを入れ、上からグレープシードオイルを牡蠣が隠れるまで注ぐ

※私はクセの無いグレープシードオイルを使用しています。オリーブオイルは冷蔵庫に入れると固まりますが、食べる前に常温に戻しておけば大丈夫です

※オイルはパスタなどに使えます

【常備菜】

●人参ラペ…(20ページ参照)

材料(2〜3人分)

人参(千切り)…1本
塩…ひとつまみ
レーズン…10粒くらい
(調味料)
酢…大2
グレープシードオイル(オリーブオイルは冷やすと固まるから)…大1
蜂蜜…大1
ブラックペッパー…少々
レモン汁…小1/2

作り方

1 人参をビニール袋に入れて塩を振り軽く揉み、5分置く
2 ボウルに調味料をすべて入れよく混ぜて乳化させる
3 この中に水気を絞った人参とレーズンを入れよく混ぜる
4 半日くらい置いて味が馴染んだら食べられます。常備菜として冷蔵庫で5日くらい日持ちします

●人参とツナのラペ…(19ページ参照)

材料と作り方は【人参ラペ】を参照。
人参ラペにツナ(1/2缶)を油を切って加える

●たらこ人参…(18ページ参照)

材料(2〜3人分)

人参(千切り)…1本
たらこ(明太子でも可)…大1〜2
胡麻油…大1

作り方

1 フライパンに胡麻油を引き、人参をサッと炒める
2 しんなりしたらたらこ(明太子)を加え、たらこの色が白く変わったら火を止める
3 味見して塩気が足りなければ塩を振る

●ほうれん草の胡麻和え…(30ページ参照)

材料(2人分)

ほうれん草…1束
白だし…小2
醤油…小2
蜂蜜…ほんの少し
いり胡麻…小1

作り方

1 ほうれん草を茹でたら冷水に浸して色止めをする
2 軽く水気を絞ったら白だしを絡める(下味付け)
3 醤油と蜂蜜を混ぜたものに②の水気をギュッと絞ったほうれん草を3cmくらいに切って入れ、いり胡麻を指でひねって潰したものを加えて和える

さつまいもサラダ…（23ページ参照）

材料（2〜3人分）

さつまいも…1本
きゅうり（薄切り）…1／4本
塩…少々
ブラックペッパー…少々
練乳…小1
マヨネーズ…大2〜3

作り方

1 さつまいもはよく洗って皮付きのまま1cmの輪切りを4分割にしてやわらかくなるまで煮る
2 やわらかくなったら水分を飛ばして粉ふき芋にする
3 きゅうりは塩を振って水気をギュッと絞る
4 さつまいもの粗熱が取れたらきゅうりと合わせ、ブラックペッパー、練乳、マヨネーズと和える

おからの炊いたん…（23ページ参照）

材料（2〜3人分）

卯の花…70g
人参（いちょう切り）…3cm分くらい
玉ねぎ（薄切り）…1／4個
干し椎茸（水で戻して薄切り。戻し汁200mlは残しておく）…2枚
ごぼう（ささがき）…1／4本
竹輪（輪切り）…小1本
油揚げ（短冊切り）…小1／2枚
ネギ、いんげんなど緑の物（小口切り）…適量
サラダ油…大1・5
白だし…小1
椎茸の戻し汁…200ml
すき焼きのタレ…大1
みりん…大1・5

作り方

1 フライパンにサラダ油を入れ卯の花と緑の物以外の具材を全部炒める
2 ①の中に卯の花を入れて崩すように混ぜ合わせる
3 この中にネギなどの緑の物を加えて残りの調味料と椎茸の戻し汁を入れ混ぜながらしっとり感を残すくらいまで炊いて水分を飛ばす

切り干し大根の炊いたん…（25ページ参照）

材料（2人分）

切り干し大根…15gくらい
人参（千切り）…適量
竹輪（輪切り）…小1本
サラダ油…大1／2
水…100mlくらい
（調味料）
すき焼きのタレ…大1／2
みりん…大1
白だし…小1

作り方

1 切り干し大根は水で戻して白くなるまで揉み洗いする。水気を絞って包丁で1回切る
2 フライパンに油を引き、人参、切り干し大根、竹輪を入れ炒める
3 全体に油が回ったら調味料と水を入れ汁気が飛ぶまで炊く

●茄子の揚げびたし…（26ページ参照）

材料（2人分）

茄子…2本
麺つゆ（3倍希釈）…大2
水…大4
生姜（チューブ）…2cmくらい
鷹の爪…少々
揚げ油…適量
ネギ、大根おろしなど…お好みで

作り方

1 ボウルに麺つゆ、水、生姜、鷹の爪を混ぜ合わせておく
2 茄子はヘタを切り落とし縦半分に切ったら斜めに切れ目を入れ、それを4等分に切る
3 180℃の揚げ油に皮目から入れひっくり返しながら揚げる。やわらかくなり過ぎないように注意
4 揚がったら熱いうちにボウルの漬けダレに漬ける
5 15分ほど漬けたら食べられますが、冷やしてもOK。盛り付けたらネギや大根おろしをお好みでどうぞ

●ピリ辛こんにゃく…（36ページ参照）

材料（2人分）

こんにゃく…10cm×10cmくらい
胡麻油…小1/2
（調味料）
醤油…大1
酒…大1
みりん…大1
鷹の爪…少々

作り方

1 こんにゃくは2cm角くらいに切って小鍋に入れて味を染み込みやすくするため空炒りする
2 ①に胡麻油を入れて炒める
3 調味料全てと鷹の爪を加えて水分が少なくなるくらいまで炒め煮にする

●ゴーヤのおかか炒め…（36ページ参照）

材料（2人分）

ゴーヤ…1/2本
塩…適量
胡麻油…大1/2
醤油…小1/2
みりん…小1/2
鰹節…小袋1
胡麻…適量

作り方

1 ゴーヤは半分にしてタネとワタを取り3〜5mmの薄切りにして軽く塩揉みする
2 沸騰した鍋に塩揉みしたゴーヤを入れサッと茹でてキッチンペーパーなどで水分を拭き取る
3 フライパンを熱して胡麻油を入れゴーヤを2分程炒める。油が全体に回ったら醤油とみりんを入れてサッと絡める程度に炒める
4 火を止めて胡麻と鰹節を入れたら全体を混ぜ合わせる
※塩揉みと熱湯で湯がくのは苦味を和らげるためなので、苦味が大丈夫な人はこれは省いて

炒めるところから始めてください

柚子胡椒きんぴら…（38ページ参照）

材料（2人分）

ごぼう…1本
人参（千切り）…2cm分くらい
胡麻油…大1
創味シャンタン…小1/3
柚子胡椒…適量
胡麻…適量
水…大1

作り方

1 ごぼうはささがきにして水に浸けてアクを取る
2 フライパンに胡麻油を引き、ごぼうと人参を入れて1～2分炒める
3 創味シャンタンを加え混ぜたら水を大さじ1入れ蓋をして3分蒸し焼きにする
4 蓋を開けて柚子胡椒を加えて全体を混ぜたら火を止めて胡麻をふる

出汁巻き玉子…（18ページ参照）

材料（2人分）

卵…2個
白だし…小1
みりん…少々
片栗粉…小1/3
水…大2
油…適量

作り方

1 卵をよく溶きほぐす
2 この中に白だし、みりん、水溶き片栗粉を入れてよく混ぜる
3 よく熱した玉子焼き器に少し多めの油を引いて4回に分けて卵液を流し入れ巻いていく。油はその都度引くと引っ付きにくいです
※銅製玉子焼・関西型（焼面）横10・5×縦15×深さ3cmのフライパンを使っています

基本の炊き込みごはん…（26ページ参照）

材料（2人分）

米…2合
あごだし（兵四郎のあごだしパック1袋使用）…400ml
筍、鶏肉、人参、ごぼう、きのこ、山菜、油揚げなどお好きな具材…適量
（調味料）
醤油…小1
みりん…小1
塩…ひとつまみ

作り方

1 米を洗ってざるに上げる
2 土鍋に米、あごだし、調味料を入れよく混ぜ30分浸水させる
3 具材を上に乗せて強火で10～12分炊いたら火を止めて20分蒸らす
4 ご飯と具材を混ぜる
※これは土鍋で炊く場合の出汁の量なので、炊飯器の場合は2合の目盛りまでの水分量にする

【調味料について】

わが家で使っている調味料は、どれも、調味料自体にうま味があり、まろやかな味わい。食材の味を邪魔することなく、食材の持ち味を引き出してくれるのです。

味噌

日田醤油さんの「高級合せ味噌」と「こだわり味噌」を使い分けています。ちょっと甘めの味噌汁が好きな私にピッタリ。麦と麹のバランスもよく、味噌漉し必要無しです。

みりん

三州三河みりんさんの本みりん「三州味醂」を使っています。みりんは断然これです！　私のへっぽこメシも、これ使うと格上げされます。

すし酢

馬路村農業協同組合さんの「馬路ずしの素」を使っています。すし酢はこれじゃないともう作れないくらい何度もリピートしています。

ソース

「串カツ屋さんのソース」を使っています。このソース、名前の通り串カツ、揚げ物にめちゃ合うソースです。少し甘口のサラッとした味わいです。

オイスターソース

「気仙沼完熟牡蠣のオイスターソース」（石渡商店）を使っています。一度いただいてからとりこになったオイスターソース。オイスターソースらしからぬお洒落なパッケージです。

砂糖

基本、お菓子作り以外は白砂糖は使いません。お菓子作りも粉糖がいい場合以外は素焚糖やブラウンシュガーなどの茶色い砂糖を使います。普段のお料理の甘味はほぼ蜂蜜です。気分に応じて糖質が少ない「ココナッツシュガー」や「ラカントS」を使ったりします。

●油

普段の料理には「グレープシードオイル」や「アボカドオイル」、中華や韓国料理、コクの欲しい料理にはかどやさんの「ごま油」。「オリーブオイル」は銘柄は決めてなくてカルディでパケ買いすることが多いです。

お菓子作りには九鬼産業さんの「太白胡麻油」も使います。

●出汁パック

毎日の味噌汁作りには塩分控えめの久世福商店さんの「素材の、うまみ引き立つ。毎日だし」を使っています。

炊き込みご飯などには塩分を足すことなく味が決まる「味の兵四郎」を使います。

●醤油

何種類か持ってますが、お気に入りはヤマロクさんの「鶴醤」です。

●酢

あまり酸っぱくしたくない時はミツカンさんの「やさしいお酢」や「リンゴ酢」です。

村山造酢さんの「千鳥酢」も愛用中。

●塩

普段使うのはどんな料理にも合う「ゲランドの塩（顆粒）」、おにぎりには「海人の藻塩」が好きです。

●ケチャップ

単品使いならカゴメさんの「濃厚リコピン トマトケチャップ」。ナポリタンやオムライスで甘みも出したい時はハインツさんの「トマトケチャップ」をブレンドして使います。

●あんこ

あんこ職人木下さんの「選べるあんこのセット」を使っています。

こちらのあんこセットは、和スイーツ作りに重宝します。甘さもちょうどよいです。

【便利な道具】

便利な道具はいろいろありますが、ここでは私が愛用しているものをちょっとご紹介します。

●まぜ卵（まぜらん）生卵の白身切

玉子焼きを作る時には必須です！ 黄身と白身が早く混ざるし、混ぜてると自然にカラザが先に絡まってくれて便利です。

● cottaオリジナル　アクリルルーラー

タルト生地やクッキーを均一に伸ばせる優れものです。３mmのものを使っています。

● 工房アイザワのあくとり

目が細かいのでアクだけ綺麗に取れます。オールステンレスなので、お手入れも簡単！
私は、天ぷらのカス揚げにも使ったりします。

● ハリオのビーカー（300ml）

出汁巻き玉子を作る時に使っています。口が付いてるので流し入れる時に便利です。
この大きさだと卵2個に具入りの出汁巻きを作るのにもちょうどいいです。

手土産にもぴったり
「森のおはぎ」さんのおはぎです

市販のお菓子や副食物の助けを借りましょう

本書に登場した＆makikuさんが実際に利用しているお店です。毎日おかずを何種類も準備するのは大変です。時間のない時は、市販品を上手に利用しましょう。

・お菓子

森のおはぎ
https://ameblo.jp/moriohagi/

・米・パン・麺

雪椿産業
http://www.yuki-tsubaki.co.jp/
八代目儀兵衛
https://www.okomeya.net
竹田製麺所
https://www.rakuten.co.jp/takedaseimen/
ベッカライ・ビオブロート
http://bread-lab.com/bakeries/659

・食材

ポケットマルシェ
https://poke-m.com/
ココノミ
https://coconomi.shop/

・調味料

味の兵四郎
https://www.ajino-hyoshiro.co.jp/
久世福商店
http://www.kuzefuku.jp/
カルディコーヒーファーム
https://www.kaldi.co.jp/
ON THE UMAMI
https://www.on-the-umami.com/

・副食物

いちえ市場
https://www.rakuten.ne.jp/gold/kamameshiichie/
関屋蒲鉾
https://www.sekiya-kamaboko.co.jp/
アローラ軽井沢
https://www.rakuten.ne.jp/gold/monchouchouorbiter/

● 本書に登場した作家・ショップ

本書に登場した＆makikuさんが実際に愛用している作家・ショップさんです。
※ページ数が掲載されているものは作家・ショップさんの作品・商品のスタイリング写真があるページです。

・作家

【あ】
安土草多
Instagram:@s_azuchi

【い】
池田大介 →160p
Instagram:@daisukeikeda.potter
https://www.ikedadaisuke.com/
石田裕哉 →25p,49p,51p,120p,127p,187p
市野太郎（TANBA STYLE）→123p,168p,201p
https://tanbayaki.net/
市野吉記（コウホ窯）→42p
Instagram:@kouho_gama
稲村真耶 →168p
Instagram:@inamuramaya
http://inamura-maya.com/
いにま陶房 →98p
http://www5.kcn.ne.jp/~inima/
岩崎晴彦 →68p

【う】
宇田康介 →194p
内田悠 → 124p,170p,192p
Instagram:@yuchidauu
https://www.yu-uchida.com/

【え】
永木卓 →175p
Instagram:@ritoglass
http://ritoglass.com/pg97.html

【お】
小川佳子
http://www.tellur.sakura.ne.jp/
沖澤康平（8823/glass work）→69p,71p,72p,89p,208p
http://gw8823.jugem.jp/
奥絢子（陶房momo）→65p
http://toubou-momo.moo.jp/
奥田章
Instagram:@akiraokuda
小沢賢一 →89p,203p
小澤基晴 →86p,106p,198p,201p,210p
Instagram:@ozawa_motoharu
折居ゆか →118p

【か】
葛西国太郎 →89p,118p
Instagram:@kasai_kunitaro
加藤益造 →41p
加藤祥孝 →54p
Instagram:@yoshitaka__kato

【き】
木下和美
Instagram:@kazumi.kinoshita
清岡幸道 →82p,152p
Instagram:@kodokiyo

【こ】
高塚和則 →24p,66p,143p,176p
Instagram:@kazunorikoutsuka
小林耶摩人 →21p,48p,90p,95p,136p,178p,180p,187p
Instagram:@yamato_kobayashi
https://yamatokobayashi.theblog.me/

【さ】
酒井桂一
Instagram:@keiichi_sakai
佐藤もも子 →120p,187p
Instagram:@satomomokonokoto
http://momoco-craft.com/

【し】
清水貴之 →88p
ShimooDesign →68p,71p,99p,130p,140p,141p,186p
Instagram:@shimookazuhiko
https://www.shimoo-design.com/
下本一歩 →194p
シモヤユミコ →183p
Instagram:@yumiko_shimoya
https://shimoya.exblog.jp/
城進 →152p,162p,194p
http://www.josusumu.com/

【せ】
Semi-Aco/加賀雅之 →157p
http://semiaco.jugem.jp/
千田稚子（ゆうらぼ）→163p,197p
http://ww61.tiki.ne.jp/~yu-lab/

【そ】
そそぎ工房 →34p

【た】
高島大樹 →20p,54p,66p,100p,189p
Instagram:@daiki_takashima
たくまポタリー →116p
Instagram:@takuma_pottery
谷村崇 →127p
竹細工つぎお →33p

【な】
中里博恒
Instagram:@hirotsune_nakazato
http://koyorian.p2.weblife.me/

山本雅則　→101p

【よ】
吉田次朗　→136p,172p,196p
Instagram:@yoshidajiro
http://www.yoshidajiro.com/
吉永哲子　→16p,157p
Instagram:@noriko_potter
Instagram:@norikoyoshinaga_potter

ショップ

【あ】
四十沢木材工芸
http://shop.azw-woodwork.jp/
IVORY
Instagram:@utsuwa_ivory
https://www.ivory.jp/
Ach so ne
https://www.achsone.jp/

【う】
ucill
https://uchill.jp/
utsuwa11
Instagram:@utsuwa11
https://utsuwa11.thebase.in/
器Galleryよつば
Instagram:@utsuwa_gallery_yotsuba
https://www.yotsuba-utsuwagallery.com/
うつわ クウ
Instagram:@utsuwa_ku
http://www.utsuwa-ku.com/
UTSUWA KESHIKI
Instagram:@utsuwa_keshiki
https://www.utsuwa-keshiki.net
うつわshizen
Instagram:@yayoitone
http://shizen.theshop.jp/
うつわ千鳥
Instagram:@utsuwa.chidori
https://chidori.info/home/
うつわと暮らしの雑貨屋Mallow
Instagram:@mallow712
http://mallow.shop-pro.jp/
器屋anjico
Instagram:@anjicogram
http://anjico.jugem.jp/
器や彩々
Instagram:@kyoto_saisai
https://www.saisai-utsuwa.com/
ウツワヤ　ミートディッシュ
Instagram:@meetdish
http://meetdish.com/

【お】
おうち京都
Instagram:@ouchi_kyoto
https://ouchiinfo.exblog.jp/

中里博彦
Instagram:@hcth7853
http://koyorian.p2.weblife.me/
名古路英介　→187p
Instagram:@ace.k.nakoji
http://www.sari-studio.com/

【ぬ】
額賀円也　→99p

【は】
はしもとさちえ　→42p,99p,198p,210p
Instagram:@sachie_hashimoto
橋本忍　→172p
http://hashimotoshinobu.com/
林京子　→89p,190p
林拓児　→152p,187p

【ひ】
平岡仁　→127p,130p,132p,168p,180p,187p,190p
Instagram:@zin_hiraoka

【ふ】
藤田徳太　→28p
藤野智朗　→53p,118p
藤原純　→83p,120p,127p,141p,162p
ふるいともかず
http://www.tsukinowa-tomo.com/
古川桜　→79p,182p
Instagram:@utau_shokutaku

【ま】
松浦コータロー　→89p,120p,176p,190p
Instagram:@nao.ushinohana
松尾直樹　→190p
http://matsuoseitou.com/
Instagram:@nao.pon
松永徳子　→95p
Instagram:@noriko_nakashima_
馬渡新平　→31p
Instagram:@shinpei.mawatari

【み】
水野幸一
Instagram:@koichi_potter
Instagram:@koichimizuno_pottery
南裕基　→21p,28p,97p,194p,210p
Instagram:@minamiyuuki
見野大介　→118p,123p,176p
Instagram:@minobird
http://studio-hachidori.com/

【む】
村上直子　→74p,122p

【も】
萌窯　→132p,143p,154p,186p

【や】
安福由美子　→89p,116p,127p,168p
Instagram:@yumikoyasufuku
https://coconlllr.exblog.jp/
柳原照弘　→126p
http://teruhiroyanagihara.jp/

ブリキや彰三　→92p
Instagram:@burikiya.syozo
www.burikiya-syozo.jp

【ほ】
北欧ヴィンテージ食器・雑貨　トコトコKプラス
Instagram:@tocotoco_co
https://tocotoco-k-plus.com/
ボクノワタシノ
https://www.bokunowatashino.com/

【ま】
マルヤマウエア
Instagram:@maruyamaware
https://www.maruyama-ware.com/

【も】
木工房玄（高塚和則）
https://gen-woodwork.com/

【り】
RIVERET
https://www.riveret.jp/
リモウト
http://www.marve.jp/?mode=f17

【き】
木のモノ雑貨店　→118p,168p
Instagram:@kinomono_zakka
http://k-woodcraft.com/

【け】
玄道具店
Instagram:@corbusier_shop
http://gendouguten.com/

【こ】
工房ありんこの森
Instagram:@arinko_522
conogu（湯浅ロベルト淳）→194p
Instagram:@roberto_jun_yuasa
http://conogu.com/
KOHORO
Instagram:@irohani_kohoro
https://kohoro.jp/
心和庵（中里博彦・中里博恒）→132p
http://koyorian.p2.weblife.me/

【し】
sizuku
Instagram:@sizuku2518
https://sizuku.ocnk.net/
柴田徳商店　→35p
趣佳
Instagram:@syuca_jp
http://syuca.jp/

【す】
スヴェイルファニチャー
Instagram:@svale_furniture
http://svale-furniture.com/
スナオホーム
Instagram:@sunaohome
https://sunaohome.wixsite.com/sunaohome/

【た】
谷川木工芸　→160p,186p,189p
https://www.kinoibuki.com/shop/

【て】
てしごと舎kuraso
Instagram:@_kuraso
https://teshigotoya-kuraso.com/

【と】
陶屋なづな
Instagram:@hirohiro0220
https://touyanadun.exblog.jp/
tobiraa
Instagram:@tobiraa_
https://tobiraa1.com/

【な】
長谷園　→127p,182p
https://www.igamono.co.jp/

【ふ】
flatto
Instagram:@flatto2014
https://flatto.jp/

●制作スタッフ

［装丁・本文デザイン］　松川直也
［DTP］　坂本舎
［校正・校閲］　加藤優

［編集長］　山口康夫
［企画・編集］　石川加奈子

丁寧に暮らす。器と料理、四季の彩り

2019年6月1日　初版第1刷発行
2019年7月21日　初版第2刷発行

［著者］　makiku
［発行人］　山口康夫
［発行］　株式会社エムディエヌコーポレーション
〒101-0051　東京都千代田区神田神保町一丁目105番地
https://books.MdN.co.jp/

［発売］　株式会社インプレス
〒101-0051　東京都千代田区神田神保町一丁目105番地
［印刷・製本］　シナノ書籍印刷株式会社

Printed in Japan

【カスタマーセンター】

造本には万全を期しておりますが、万一、落丁・乱丁などがございましたら、送料小社負担にてお取り替えいたします。お手数ですが、カスタマーセンターまでご返送ください。

落丁・乱丁本などのご返送先

〒101-0051　東京都千代田区神田神保町一丁目105番地

株式会社エムディエヌコーポレーション カスタマーセンター

TEL：03-4334-2915

内容に関するお問い合わせ先

info@MdN.co.jp

書店・販売店のご注文受付

株式会社インプレス　受注センター

TEL：048-449-8040／FAX：048-449-8041

ISBN 978-4-8443-6871-7 C0077